MARCO PUZZARINI

ANALISI TECNICA PER IL FOREX

Applicazioni Pratiche per Investire con le Rappresentazioni Grafiche e la Teoria delle Bande di Bollinger

Titolo

"ANALISI TECNICA PER IL FOREX"

Autore

Marco Puzzarini

Editore

Bruno Editore

Sito internet

http://www.brunoeditore.it

Sommario

Introduzione

Il mondo finanziario, è innegabile, ha sempre riscosso un incredibile fascino. Con l'avvento delle nuove tecnologie informatiche operare in borsa è diventato ormai uno "sport" nazionale.

Ma ti sei mai chiesto perché si dice "giocare in borsa"? La definizione non è causale, credimi. È il frutto di una convinzione di massa ampiamente diffusa che il mercato finanziario sia un semplice gioco, nel quale vincite e perdite si alternano con assoluta aleatorietà.

Non è un caso che tutte le statistiche mondali riportino che il 95% dei trader non professionisti perde e, in pochi mesi, azzera il proprio capitale investito.

Ti starai domandando: «Perché, con tutti gli strumenti negoziabili al mondo, dovrei scegliere proprio il Forex?» Lascia che ti illustri tutti i vantaggi di questo incredibile mercato:

- **è aperto 24 ore su 24**;

- **non ci sono commissioni bancarie**, si paga solo un piccolo spread derivante dalla differenza tra prezzo di acquisto e prezzo di vendita;

- **non ci sono lotti fissi**, si può entrare anche con qualche centinaia di euro, quindi è alla portata di tutti;

- **si fa uso della leva finanziaria**, quindi il moltiplicatore ti consente di effettuare importanti operazioni con pochissimo denaro reale;

- **esistono conti demo gratuiti**, per cui si può lavorare con un qualsiasi broker con denaro virtuale su una piattaforma reale simulando le operazioni a mercato, e testare le proprie strategie senza rischiare nulla!

REGOLA AUREA: non investire mai soldi che non ti puoi permettere di perdere.

Il Forex è molto rischioso, come qualsiasi altro mercato altamente speculativo, ma se ti applicherai con determinazione, passione e con le giuste strategie entrerai anche tu nell'olimpo del 5% dei trader che guadagnano con continuità.

Buona lettura!

Marco Puzzarini

CAPITOLO 1:

Come acquisire le principali nozioni di analisi tecnica nel Forex

Principi di base

I mercati finanziari sono da sempre stati oggetto di 2 distinte tipologie di analisi:

- **analisi fondamentale (AF);**
- **analisi tecnica (AT).**

Pur non essendo di nostro interesse, consentimi di spendere due parole sull'**analisi fondamentale**. Quando parliamo di AF ci riferiamo allo stato di salute del Paese, quindi a tutti gli indicatori economici quali: PIL, tassi di inflazione, tassi di interesse delle banche centrali, indici di produzione, tassi di disoccupazione ecc. Sono valori che si riflettono sulla forza o sulla debolezza della moneta del Paese che rappresentano.

Questo tipo di analisi viene utilizzata, in ambito macroeconomico, dai trader professionisti (banche e fondi) per prendere posizioni di lungo periodo sulle valute, scommettendo sulle variazioni dei tassi di cambio.

L'analisi tecnica, invece, si basa sull'osservazione dei prezzi con l'ausilio di strumenti grafici. L'assunto di base è che il Forex sia un mercato ciclico e come tale destinato a ripetersi nel tempo con le stesse caratteristiche. L'analisi tecnica è uno strumento utilizzato tipicamente per fini speculativi con l'unico obiettivo di trarre profitto dai movimenti di prezzo. Sfrutta modelli matematici che si affidano al calcolo delle probabilità per determinare la direzionalità di un prezzo nelle fasi successive di mercato.

Non parliamo di predire il futuro, se così fosse non ci sarebbe mercato. Il mercato nasce dall'interazione tra domanda e offerta, siamo d'accordo? Affinché ci sia interazione è necessario che gli attori di mercato abbiano, nello stesso intervallo di tempo, idee diverse.

SEGRETO n. 1: l'applicazione metodica dei principi di analisi tecnica è condizione necessaria al raggiungimento di consistenti profitti.

Sai da cosa trae valenza l'analisi tecnica? Semplicemente dalla psicologia umana. Proprio così: **avidità** e **paura** sono i sentimenti dominanti su tutti i mercati internazionali. Non è tanto la notizia che muove i prezzi, quanto le aspettative dei trader sulla notizia. Il comportamento psicologico tende a ripetersi nel tempo e quindi può essere catalogato. Euforia, panico, paura, speranza sono tutte emozioni che trovano spazio sui mercati finanziari, spesso così esasperati da far decollare o crollare un mercato senza apparenti motivazioni oggettive.

La capacità di leggere i grafici ti consentirà di anticipare, con ragionevole certezza, il comportamento futuro della massa di investitori. L'uso esteso dei principi di analisi tecnica non farà altro che far avverare le previsioni e questo avrà come logica conseguenza quella di autoalimentare la ripetitività ciclica dei mercati.

SEGRETO n. 2: il successo nel trading è determinato per il 70% dal controllo delle proprie emozioni e solo per il 30% dalla corretta applicazione delle tecniche.

Credimi, io l'ho imparato a mie spese! È difficile acquisire questa consapevolezza all'inizio. Si apprende con tanta esperienza e buona volontà. L'analisi tecnica non è una scienza esatta, ma è piuttosto un'arte che va affinata nel tempo. Io non posso sapere adesso come si muoverà il mercato tra 5 minuti, 1 ora o 24 ore... ma posso provare a identificare, con ragionevole certezza, la sua più probabile prossima evoluzione.

La Teoria di Dow

Alla base dell'analisi tecnica c'è la **Teoria di Dow**. Non voglio annoiarti certo con la storia di Charles Henry Dow, ma credo che qualche accenno sia necessario essendo stato lui il padre fondatore di questa moderna disciplina. Già prima del Novecento Dow capì che i movimenti dei prezzi non erano casuali ma seguivano delle logiche ben precise che soprattutto tendevano a ripetersi nel tempo.

Ti illustro rapidamente i principi di questa teoria, principi che ancora oggi sono alla base dell'analisi tecnica:

- le medie scontano tutto;
- il mercato ha tre tipologie di trend;

- i volumi devono confermare il trend;
- un trend è in atto fino a prova contraria.

Non entrerò nel dettaglio dei singoli punti, preferisco invece, con parole semplici, estrapolare i concetti più importanti che sono alla base delle nozioni che apprenderai nei prossimi capitoli.

I prezzi degli strumenti finanziari assorbono automaticamente tutte le notizie provenienti dal mercato e le incorporano nel loro movimento. Solo le notizie non ancora divulgate, ma di cui gli operatori di settore sono a conoscenza, possono riservare delle sorprese con degli andamenti inaspettati. I movimenti dei prezzi possono dar luogo a delle tendenze che noi definiamo **trend**.

Esistono **trend rialzisti** (*uptrend*), caratterizzati graficamente da massimi e minimi crescenti, **trend ribassisti** (*downtrend*), caratterizzati da massimi e minimi decrescenti e **trend laterali** (*flat*), in cui i prezzi assumono scostamenti molto piccoli.

I **volumi**, ovvero le quantità scambiate sul mercato, sono solitamente in aumento in fase di trend rialzista e più scarsi in fase ribassista, salvo situazioni di panico generale nelle quali i volumi schizzano alle stelle.

Quando il mercato è in trend ipotizziamo che tale situazione permanga fino a che il mercato stesso non inizi a fornirci informazioni discordanti che facciano presagire un'imminente inversione di tendenza.

Trend rialzista   Trend ribassista   Trend laterale

Figura 1.1

Tieni presente che l'analisi tecnica ci consente di poter trarre profitto da qualsiasi movimento di prezzi in qualsiasi fase di mercato. Possiamo guadagnare quando il mercato sale, quando scende e anche quando si trova all'interno di una fase laterale.

Il mercato delle valute (Forex) è un mercato molto volatile e liquido che ci consente di operare con massima efficacia in un qualsiasi intervallo temporale. Ti accorgerai che l'andamento dei prezzi cambia molto repentinamente soprattutto in situazioni di mercato globale instabile.

SEGRETO n. 3: i prezzi si muovono sempre all'interno di un trend definito rialzista, ribassista o laterale.

Tutto ti sarà più chiaro nei prossimi capitoli dove approfondiremo queste tematiche nel dettaglio e con esempi grafici.

Analisi grafica

L'analisi tecnica ha il suo fondamento nell'analisi grafica, ovvero nell'osservazione grafica dell'andamento del prezzo. È lo strumento basilare per prendere decisioni strategiche (ad esempio, quale sia il miglior momento per entrare e/o uscire dal mercato).

L'analisi grafica ci consente, a colpo d'occhio, di individuare la tendenza di mercato in una determinata periodicità. Ovviamente come ho già ampiamente ribadito, i grafici rappresentano il passato, non prevedono il futuro.

In maniera intuitiva, essendo il prezzo di un qualsiasi bene legato al rapporto tra domanda e offerta, se avremo più acquirenti il prezzo del bene salirà (trend rialzista), se avremo, invece, più venditori il prezzo scenderà (trend ribassista). In caso di lotta alla pari, il prezzo si muoverà con minime variazioni tracciando un movimento laterale.

Le principali rappresentazioni grafiche sono le seguenti:
- il grafico lineare;
- il grafico a barre;
- il grafico a candele giapponesi.

Il **grafico lineare** è il più intuitivo e semplice, ma anche il meno utilizzato per chi fa trading nel Forex. Solitamente viene impiegato in analisi di medio e lungo termine e non per fare trading speculativo di breve periodo. Il grafico lineare mostra esclusivamente il prezzo di apertura o di chiusura dell'intervallo di tempo preso come riferimento.

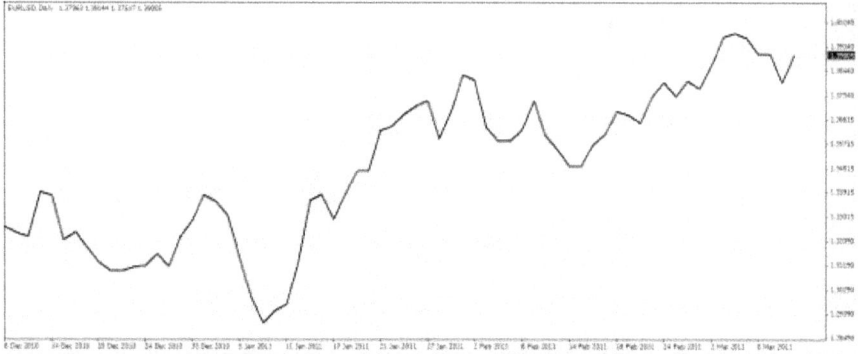

Figura 1.2: grafico EUR/USD Daily

Il **grafico a barre** riporta una serie maggiore di informazioni ed è costituito da una successione di barre verticali, ciascuna delle quali è riferita all'intervallo temporale scelto. In una singola barra sono presenti sostanzialmente quattro informazioni:

- prezzo apertura;
- prezzo chiusura;
- prezzo massimo;
- prezzo minimo.

È un buono strumento di analisi tecnica che fornisce utili indicazioni all'investitore. Si adatta a uno stile di trading di breve/medio periodo.

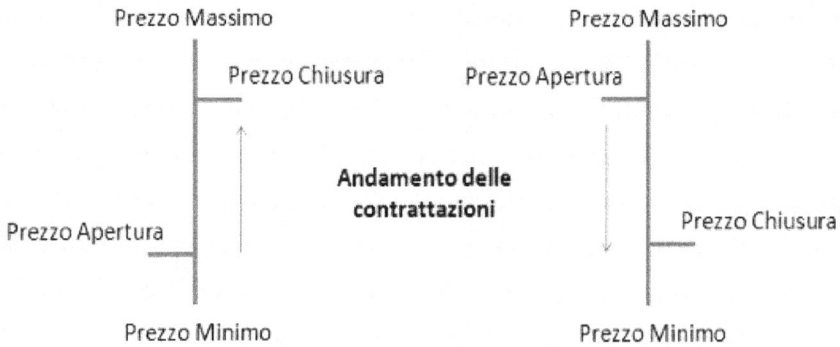

Figura 1.3

L'osservazione di questo grafico ci fornisce interessanti dettagli su come si sono svolte le contrattazioni valutarie. Una **chiusura superiore all'apertura** ci indicherà graficamente una seduta "rialzista". Viceversa una **chiusura inferiore all'apertura** ci indicherà una seduta "ribassista".

Anche la distanza tra i quattro prezzi (apertura, chiusura, massimo e minimo) è molto indicativa della lotta tra domanda e offerta. Se le barre verticali sono lunghe con aperture vicino ai minimi e chiusure vicino ai massimi, potremmo supporre di trovarci in presenza di sedute fortemente direzionali dove predominano con forza i compratori o i venditori. In caso di prezzi tutti ravvicinati, potremmo, invece, supporre che rialzisti e ribassisti si siano fronteggiati con pari forza per tutta la seduta senza vincitori né vinti a fine giornata.

Figura 1.4: grafico EUR/USD Daily

Il **grafico a candele giapponesi** (*candlestick*) è, attualmente, la rappresentazione grafica più utilizzata dai trader nei mercati finanziari e più specificamente nel Forex.

L'orizzonte temporale è sempre di breve/medio periodo. In termini pratici ogni candela rappresenta l'andamento della coppia valutaria in uno specifico intervallo di tempo. Ogni candela è formata da un **corpo** (*body*) centrale e da 2 barre verticali alle estremità dette **ombre** (*shadow*).

18

Il corpo rappresenta il range di prezzi tra apertura e chiusura; le linee sottili, invece, i punti di massimo e di minimo raggiunti nell'intervallo di tempo considerato. Le candele hanno una colorazione standard che consente al trader di individuare visivamente l'andamento del mercato anche senza conoscerne i prezzi.

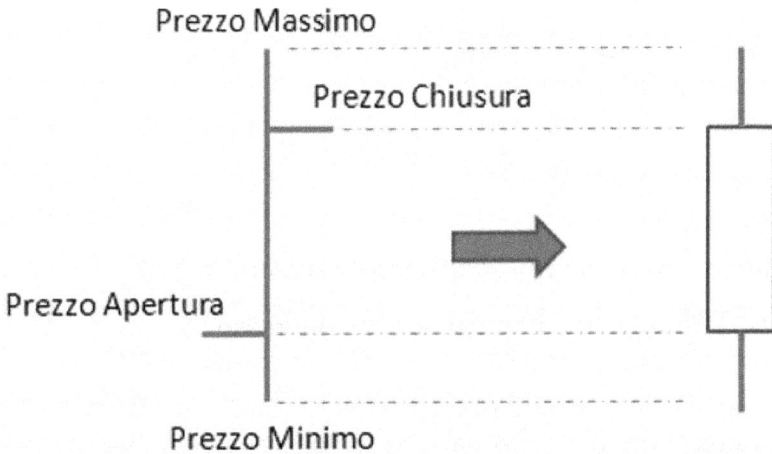

Figura 1.5

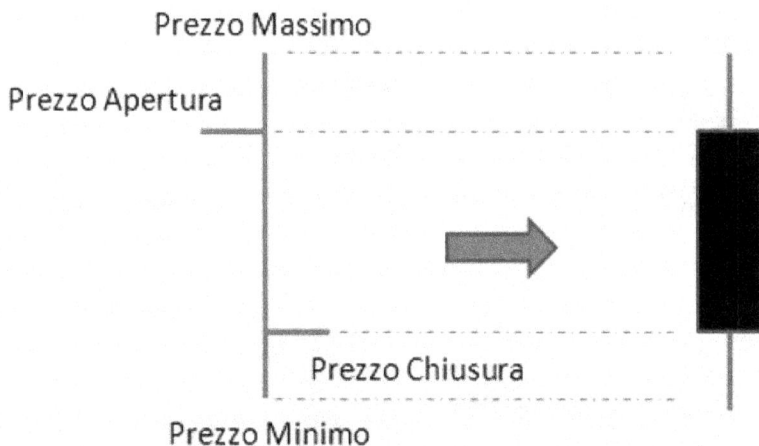

Figura 1.6

Giornata rialzista = corpo candela bianco, verde o blu.

Giornata ribassista = corpo candela nero o rosso.

Senza entrare nel dettaglio delle singole formazioni assunte dalle candele giapponesi, i cui nomi (inglesi) sono complessi e difficili da ricordare, vorrei comunicarti alcune considerazioni di carattere generale che ti aiuteranno nella comprensione delle dinamiche dei prezzi.

Prima situazione: quando una candela ha un corpo centrale grande significa che il mercato sta prendendo una direzione precisa (rialzista o ribassista).

Seconda situazione: quando una candela ha un corpo poco ampio e le ombre sono corte e di eguale lunghezza ci troviamo in una fase si stallo di mercato (*flat*). Invece, nel caso in cui le ombre siano allungate, l'indicazione di mercato è quella di forte indecisione.

Terza situazione: quando una candela ha un corpo ampio e una sola ombra, ci troviamo in una condizione di mercato fortemente rialzista o ribassista.

Quarta situazione: quando una candela ha un corpo centrale piccolo, un'ombra corta e una, invece, di maggior lunghezza ci troviamo in una fase di mercato tendenzialmente rialzista (ombra inferiore lunga) o ribassista (ombra superiore lunga).

Quinta situazione: quando il corpo della candela giapponese è inesistente ovvero con apertura e chiusura allo stesso livello di prezzo e sono presenti due ombre più o meno lunghe, allora siamo in presenza di una formazione molto particolare denominata **Doji** che indica una forte indecisione di mercato con possibilità di inversione del trend.

Lo studio delle candele giapponesi si rivela, quindi, molto interessante per le formazioni grafiche che si possono creare. L'individuazione e lo studio di tali formazioni, abbinata a un pizzico di esperienza, ci consente di generare previsioni sui movimenti di prezzo futuri.

Ti starai chiedendo quale sia l'affidabilità di questi segnali, la risposta è che per la mia personale esperienza di trader, al verificarsi di certe configurazioni grafiche e in determinate condizioni di mercato, il prezzo, con buona probabilità, si muoverà proprio nella direzione che ci aspettiamo.

Una branca dell'analisi tecnica utilizza le candele giapponesi come solo e unico strumento previsionale. Ci sono libri interi che trattano di questo specifico argomento.

SEGRETO n. 4: i grafici a candele giapponesi sono i migliori per comprensione, informazioni e facilità di lettura.

Figura 1.7

Nell'ultimo capitolo ti illustrerò proprio una strategia, tra le altre, che basa i suoi fondamenti su una particolare formazione creata dalle candele giapponesi, la **Double Doji Breakout**.

RIEPILOGO DEL CAPITOLO 1:

- SEGRETO n. 1: l'applicazione metodica dei principi di analisi tecnica è condizione necessaria al raggiungimento di consistenti profitti.

- SEGRETO n. 2: il successo nel trading è determinato per il 70% dal controllo delle proprie emozioni e solo per il 30% dalla corretta applicazione delle tecniche.

- SEGRETO n. 3: i prezzi si muovono sempre all'interno di un trend definito: rialzista, ribassista o laterale.

- SEGRETO n. 4: i grafici a candele giapponesi sono i migliori per comprensione, informazioni e facilità di lettura.

CAPITOLO 2:

Come interpretare intuitivamente le più importanti formazioni grafiche

Cos'è il trend?

Il **trend** può essere definito come la tendenza di prezzo all'interno di uno specifico arco temporale preso come riferimento (*timeframe*). Ogni barra o candela si formerà proprio all'interno di questo specifico lasso di tempo identificando i quattro elementi esaminati nel precedente capitolo (prezzo massimo, prezzo minimo, prezzo di apertura e prezzo di chiusura).

Il *timeframe* nel Forex può assumere alcuni valori standard definiti dalla piattaforma di negoziazione utilizzata. Solitamente nell'accezione comune tali valori sono: 1 minuto (M1), 5 minuti (M5), 15 minuti (M15), 30 minuti (M30), 1 ora (H1), 4 ore (H4), 1 giorno (D1), 1 settimana (W1) o 1 mese (MN).

Il *timeframe* scelto dovrà essere congruente con gli obiettivi stabiliti nel nostro piano di trading. Come avremo modo di approfondire, l'arco temporale scelto sarà importantissimo per individuare e interpretare le formazioni grafiche alla base dell'analisi tecnica. Una formazione che si verifica in M5, per esempio, assume tutt'altro significato in M30 o in H1; stessa cosa dicasi per il trend. Per tale ragione, molto spesso si analizzano **più timeframe contemporaneamente** con l'obiettivo di confermare o smentire la tendenza di mercato e i relativi segnali di ingresso.

Lo so, tutto questo potrà sembrarti incomprensibile, come lo è stato per me all'inizio, ma con le giuste basi tecniche e un pochino di sana osservazione grafica diventerai anche tu un trader esperto.

Proseguiamo, quindi, questo viaggio insieme, approfondendo meglio il significato di trend, per capirne l'importanza operativa e per scoprire come identificarlo.

Abbiamo detto che il trend esprime **la tendenza di mercato in un determinato arco temporale**. Il trend può assumere, come abbiamo già visto nel precedente capitolo parlando della teoria di

Dow, tre andamenti: rialzista, ribassista e laterale. L'analisi tecnica offre metodologie operative specifiche in ognuna di queste tre configurazioni di mercato.

Il modo più semplice per chi inizia l'attività di trading è di lavorare sempre a favore di trend, ovvero, individuare la tendenza di fondo e cavalcarla fino a che non ci siano indicazioni tecniche di un'imminente inversione di mercato. Come dicono gli americani: «*Trend is your friend*»!

SEGRETO n. 5: per massimizzare i profitti si consiglia di operare sempre a favore di trend.

Per esperienza personale posso dirti che sarebbe perfetto acquistare sempre ai minimi e vendere sempre ai massimi di mercato. Questa è la solita favola che viene raccontata ai principianti ma che trova, purtroppo, scarsa applicazione pratica. Se ti capita, credimi sarà solo per pura fortuna, quindi non contarci!

Riconoscere un trend è relativamente semplice, è sufficiente analizzare la successione dei prezzi massimi e minimi di mercato:

- **trend rialzista** = massimi e minimi crescenti;
- **trend ribassista** = massimi e minimi decrescenti;
- **trend laterale** = massimi e minimi discontinui.

I trend possono essere di **breve, medio e lungo periodo**. I trend di breve periodo durano non più di un mese, quelli di medio periodo alcuni mesi, quelli di lungo periodo almeno un anno. Considera che i trend più piccoli sono contenuti in quelli più ampi. Quindi, per esempio, potrei trovare una situazione di mercato in cui il trend a H1 è crescente, quello giornaliero è decrescente mentre quello mensile è laterale.

Questo ti dimostra che il tempo di osservazione che usi come riferimento (*timeframe*) è di fondamentale importanza per le decisioni di trading nel Forex.

Ricorda che i grossi guadagni si ottengono solo operando a favore di trend, saperli identificare e riconoscerli diventa quindi di fondamentale importanza.

Trendlines

Le *trendlines* sono rette oblique tracciate graficamente che accompagnano la direzione di mercato. Possono passare da un punto mediano delle quotazioni oppure intercettare i massimi/minimi più significativi del movimento di prezzi. Una **trendline rialzista** sarà disegnata congiungendo con una linea retta i prezzi minimi più significativi.

Figura 2.1: EUR/USD Daily

Una **trendline ribassista** sarà invece disegnata congiungendo con una linea retta i prezzi massimi più significativi.

Figura 2.2: EUR/USD M15

L'inclinazione della retta ci fornisce un'indicazione precisa sulla forza del movimento di prezzi. Attenzione però: più la retta è inclinata, minori saranno le probabilità di tenuta nel tempo. La violazione di una *trendline* da parte del prezzo indica una probabile fine del movimento in atto e una possibile inversione del trend.

Tuttavia, solo dopo aver identificato validi segnali d'ingresso nella direzione opposta ne avremo la conferma.

In dettaglio una *trendline* è caratterizzata da tre elementi:
- lunghezza della linea;
- inclinazione della linea;

- numero di volte che la *trendline* è stata toccata.

La **lunghezza della linea** identifica la dimensione del trend. A una maggiore lunghezza corrisponderà una maggiore estensione del trend.

L'**inclinazione della linea** determina la velocità di variazione di prezzi. Maggiore è l'angolo d'inclinazione, maggiori saranno le possibili violazioni alla *trendline*.

Il **numero di volte che la trendline è stata toccata** ne determina l'affidabilità. Maggiore è il numero di volte in cui il prezzo ha toccato o avvicinato la *trendline*, maggiore sarà l'efficacia del trend.

Supporti e resistenze

Sono due elementi chiave nell'analisi tecnica e possono fornire utili indicazioni sulla tendenza del prezzo nel tempo. I **supporti** rappresentano valori che ostacolano la discesa del prezzo, mentre le **resistenze** rappresentano valori che ostacolano la salita del prezzo.

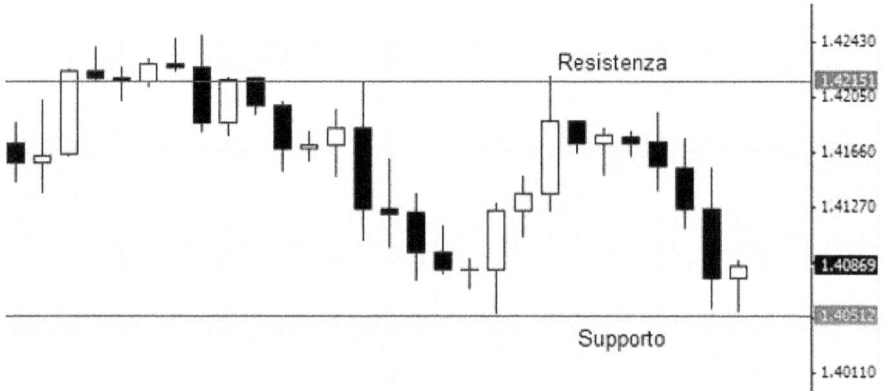

Figura 2.3

I prezzi sono la risultanza del rapporto tra domanda e offerta, pertanto possiamo affermare che un **supporto** è costituito da un livello di prezzo in cui il mercato incontra un aumento della domanda rispetto all'offerta che non consente al prezzo di scendere ulteriormente.

Una **resistenza** è, invece, un livello di prezzo in cui il mercato esprime un aumento dell'offerta rispetto alla domanda che non consente al prezzo di salire oltre.

SEGRETO n. 6: si acquista valuta sui livelli di supporto e si vende valuta sui livelli di resistenza.

Quando il prezzo si avvicina a un supporto/resistenza si possono verificare due situazioni:

1. **il prezzo rimbalza sul livello di supporto/resistenza** e ritraccia nell'opposta direzione;

2. **il prezzo "rompe" il livello di supporto/resistenza** e accelera nella stessa direzione. Dopo la rottura, il livello di supporto diventa resistenza. Quando invece è la resistenza a essere violata, questa diventa automaticamente un supporto.

Sono due le variabili che caratterizzano l'affidabilità dei livelli di supporto/resistenza: l'arco temporale di riferimento e il numero di volte in cui tali livelli siano stati toccati dal prezzo senza rotture.

Per correttezza espositiva ti confesso che fare trading solo su supporti e resistenze può dare luogo a numerosi **falsi positivi**, ovvero a situazioni in cui il prezzo, dopo aver rotto questi livelli, ritraccia nella precedente direzione. Supporti e resistenze non forniscono, purtroppo, alcuna garanzia sul ritracciamento o sulla rottura di questi livelli.

Se vuoi che le probabilità di guadagno siano a tuo favore utilizza i supporti solo all'interno di trend rialzisti e le resistenze solo in contesti ribassisti.

SEGRETO n. 7: le trendlines sono livelli di supporto/resistenza naturali.

Le formazioni grafiche

L'analisi tecnica attinge parte della propria operatività dalle formazioni grafiche (*pattern*), ovvero da particolari figure geometriche create dal movimento prezzi nell'arco temporale di riferimento. L'attendibilità di una qualsiasi formazione grafica è direttamente proporzionale alla sua ampiezza e alla sua dimensione.

Il *pattern* è caratterizzato da tre variabili:
- lunghezza dell'intervallo temporale;
- numero di fluttuazioni interne di prezzo;
- profondità di variazione.

Più lungo è l'arco temporale in cui si sviluppa il pattern, più significativo sarà il conseguente movimento dei prezzi. Una formazione che si delinea in un mese di osservazione è sicuramente più rilevante di quella formatasi all'interno di una singola giornata.

Maggiore è il numero di fluttuazioni della valuta all'interno della formazione maggiore sarà la sua importanza. Quando i prezzi si muovono per lungo tempo in un range ben definito, la rottura rappresenterà un evento di una grande rilevanza psicologica.

Più profondo è il *pattern*, maggiore sarà la sua rilevanza. In pratica, a oscillazioni più ampie di prezzo all'interno della formazione grafica delineata, corrisponderà un movimento successivo potenzialmente più rilevante.

Tutte le formazioni grafiche, anche quelle più significative, possono dare luogo a **ritracciamenti**, ovvero a movimenti di prezzo che, una volta rotto il livello inferiore o superiore della formazione, tendono a rientrare nella formazione stessa.

Considera, lo affermo per esperienza personale, che il ritracciamento è un **movimento fisiologico** che corregge l'eccessiva emotività di mercato. Mi rendo conto che sia frustrante, ma non ti devi preoccupare, fa parte del gioco. Prima riuscirai ad accettarlo e prima imparerai a utilizzare i ritracciamenti a tuo vantaggio.

SEGRETO n. 8: alla rottura di un pattern è necessario attendere il ritracciamento del prezzo e acquistare solo ai primi segnali di esaurimento di tale movimento.

Le formazioni grafiche possono essere ricomprese in due importanti categorie:
- figure di continuazione del trend;
- figure di inversione del trend.

Figure di continuazione del trend

Sono *pattern* che si verificano durante trend rialzisti o ribassisti nei quali il prezzo, dopo una fase di stallo con fluttuazioni interne alla formazione, rompe il livello di resistenza dinamico e prosegue la sua corsa nella stessa direzione del trend.

Prenderemo in esame due principali formazioni grafiche. In

dettaglio: **triangoli** e **rettangoli**.

Il **triangolo** è una particolare forma grafica che si crea quando i movimenti dei prezzi in andamento laterale assumono ampiezze in successione sempre minori. La formazione può essere individuata sia in ambito di trend rialzisti che in contesti di mercato ribassisti.

Può assumere tre diverse conformazioni:

- simmetrico (rialzista o ribassista);
- ascendente;
- discendente.

Il **triangolo simmetrico** si forma dalla congiunzione di due *trendlines*, una ascendente (superiore) e una discendente (inferiore).

La rottura si verifica con maggiore probabilità nei 2/3 della formazione e nella stessa direzione del trend di riferimento. Solitamente la rottura è accompagnata anche da un'espansione dei volumi scambiati.

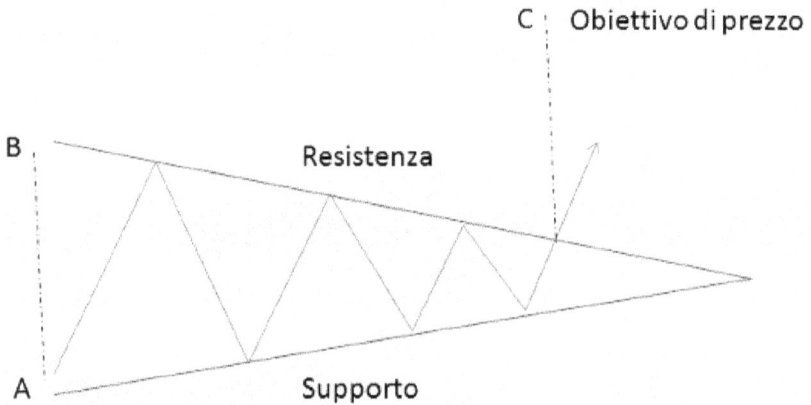

Figura 2.4: trend rialzista

Ogni formazione grafica, come anticipato, ci fornisce alcuni spunti operativi per guadagnare nel Forex.

Sono tre gli elementi che vanno identificati per operare sul mercato con successo e in massima tranquillità: **prezzo di ingresso, prezzo di uscita a profitto** (*take profit*) e **prezzo di uscita a perdita** (*stop loss*). Questi elementi costituiscono una parte fondamentale del tuo piano di trading.

Il **punto d'ingresso** sarà il prezzo in cui avviene la rottura della formazione oppure il prezzo successivo all'esaurimento del primo ritracciamento; il punto C costituirà il tuo prezzo di uscita a profitto ed è la trasposizione della lunghezza esistente tra i punti A e B. Il punto A sarà, invece, ragionevolmente, il tuo prezzo di uscita a perdita, nel caso in cui le tue previsioni sul movimento dei prezzi si siano rivelate errate.

I **triangoli ascendenti** e **discendenti** sono caratterizzati da due *trendlines*, una ascendente/discendente e l'altra parallela all'asse orizzontale.

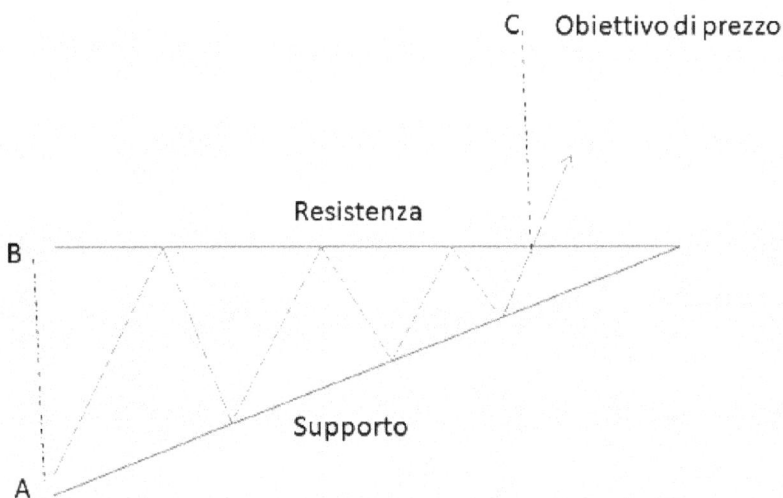

Figura 2.5: trend rialzista

I triangoli ascendenti si formano tipicamente durante trend rialzisti, mentre quelli discendenti durante trend ribassisti.

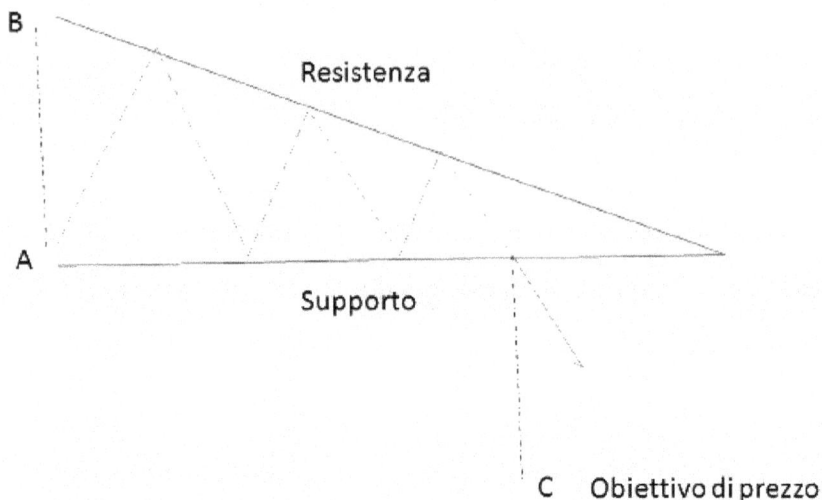

Figura 2.6: trend ribassista

Vengono anche definiti per questa particolare forma **triangoli rettangoli**.

Per queste due ultime formazioni valgono tutte le regole e le indicazioni già fornite parlando dei triangoli simmetrici, quindi non aggiungerei altro.

I **rettangoli** sono formazioni grafiche di piccole dimensioni che comportano un'interruzione temporanea del trend (rialzista/ribassista) e conseguente appiattimento del movimento dei prezzi. Il rettangolo nel Forex è caratterizzato da un andamento laterale (*trading range*) che può assumere dimensioni e durate differenti. Il prezzo si muove all'interno di due linee parallele (la linea inferiore è il supporto e quella superiore la resistenza) indicando una forte indecisione di mercato.

Questa situazione, come abbiamo già visto, è solo apparente e costituisce un momento di equilibrio tra domanda e offerta. La **rottura del supporto/resistenza** del *pattern* comporterà la ripresa del movimento dei prezzi e la continuazione del trend in atto.

Il rettangolo è una formazione grafica molto ripetitiva nel Forex e indica congestione dei prezzi. Tanto più l'oscillazione dei movimenti interni al rettangolo si riduce di ampiezza e si allunga nel tempo, tanto maggiore sarà la possibilità che alla rottura ci sia un'esplosione dei prezzi accompagnata da un notevole incremento dei volumi scambiati.

Da un punto di vista operativo ci sono due modi di fare trading sulle formazioni a rettangolo:

1. sfruttare la rottura superiore o inferiore del *pattern*;
2. comprare in prossimità del supporto e vendere in prossimità della resistenza.

La tecnica 1 si utilizza con qualsiasi ampiezza della conformazione.

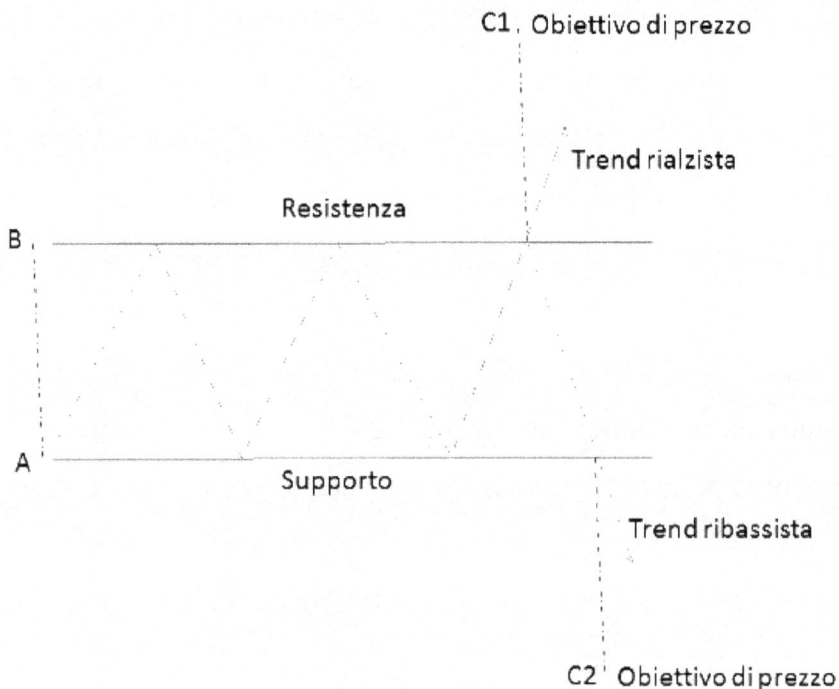

Figura 2.7

Il punto d'ingresso sarà il prezzo in cui avviene la rottura della formazione oppure il prezzo successivo all'esaurimento del primo ritracciamento; il punto C costituirà il tuo prezzo di uscita a profitto ed è la trasposizione della lunghezza esistente tra i punti A e B (C1 su trend rialzista, C2 su trend ribassista). I punti A (su trend rialzista) e B (su trend ribassista) saranno, invece, ragionevolmente i tuoi prezzi di uscita a perdita, nel caso in cui le tue previsioni sul movimento dei prezzi si siano rivelate errate.

Ti consiglio di utilizzare la tecnica 2 solo all'interno di conformazioni sufficientemente ampie; è una strategia di trading aggressiva che genera profitto sfruttando le oscillazioni del prezzo all'interno del rettangolo. Si compra in prossimità del supporto e si vende in prossimità della resistenza.

Figure di inversione del trend

Sono *pattern* che si verificano durante trend rialzisti o ribassisti alla rottura dei quali il prezzo inverte la sua corsa muovendosi in direzione opposta al trend di riferimento. Prenderemo in esame due principali formazioni grafiche. In dettaglio: **testa e spalle** e **doppi massimi/doppi minimi**.

43

La formazione **testa e spalle** si manifesta in previsione di un'inversione a breve del trend in atto. Come tutte le figure che abbiamo già esaminato in precedenza può assumere due connotazioni: **testa e spalle ribassista** (in caso di *uptrend*) e **testa spalle rialzista** (in caso di *downtrend*). Mi occuperò solo della prima casistica essendo la seconda identica ma speculare.

La formazione **testa e spalle ribassista** si origina da un trend rialzista precedente ed è formata da un punto di massimo (**prima spalla**) seguita da una piccola discesa, poi da un punto di massimo più alto (**testa**), quindi ancora un'altra discesa e da un secondo punto di massimo (**seconda spalla**) con prezzi più o meno vicini a quelli creati dalla prima spalla.

È una figura molto significativa in analisi tecnica. Per esperienza personale posso confermarti che la sua individuazione fornisce buone probabilità di inversione del trend.

Mi rendo conto che all'inizio potrà non essere così semplice riconoscerla, ma con un pizzico di esperienza, ti assicuro, che ne apprezzerai la significatività.

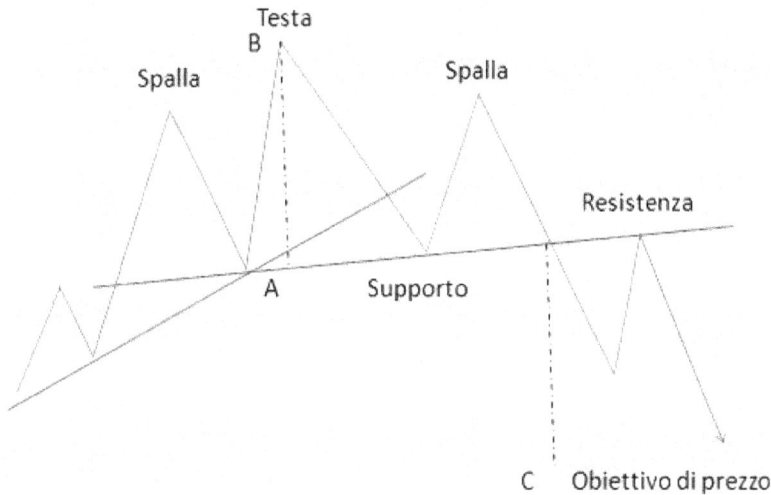

Figura 2.8

Il punto d'ingresso sarà il prezzo in cui avviene la rottura del supporto da parte della spalla destra oppure il prezzo successivo all'esaurimento del primo ritracciamento; il punto C costituirà il tuo prezzo di uscita a profitto ed è la trasposizione della lunghezza esistente tra i punti A e B. Il prezzo indicato dalla spalla destra sarà, invece, ragionevolmente il tuo prezzo di uscita a perdita, nel caso in cui le tue previsioni sul movimento dei prezzi si siano rivelate errate.

Per completezza d'informazione la linea di supporto tracciata tra i minimi formatisi dopo la spalla sinistra e la testa si chiama tecnicamente **collo** o se preferisci in inglese *neckline*. La rottura di questa *neckline* origina la possibile inversione del trend da rialzista a ribassista. L'eventuale ritracciamento e successivo rimbalzo sulla resistenza confermerà l'inversione del trend precedente alla formazione.

I *pattern* **doppio massimo** e **doppio minimo** si originano rispettivamente alla fine di un trend rialzista e alla fine di un trend ribassista. Queste due formazioni sono facilmente riconoscibili e molto potenti. Si creano solitamente dopo trend positivi o negativi molto forti al termine dei quali il mercato inverte rotta.

Anche in questo caso esaminerò solo la prima formazione grafica. La seconda formazione risulta identica come logica e speculare come andamento dei prezzi, pertanto ritengo l'analisi superflua.

Il **doppio massimo** è identificato da un primo punto di massimo formato dal trend precedente (rialzista), con un volume di scambi in espansione. Successivamente, ritracciando i prezzi, rimbalzano su un'area di supporto dalla quale si originerà il secondo massimo caratterizzato però da ridotti volumi. Anche in questo caso i due punti di massimo potranno essere coincidenti o meno, e starà a noi trader valutarne la consistenza.

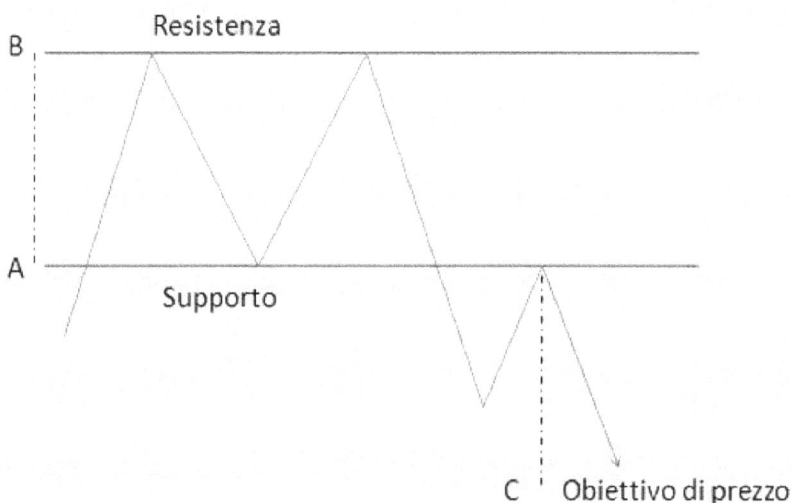

Figura 2.9

Il punto d'ingresso sarà il prezzo in cui avviene la rottura del supporto oppure il prezzo successivo all'esaurimento del primo ritracciamento; il punto C costituirà il tuo prezzo di uscita a profitto ed è la trasposizione della lunghezza esistente tra i punti A e B. Il punto B sarà, invece, ragionevolmente il tuo prezzo di uscita a perdita, nel caso in cui le tue previsioni sul movimento dei prezzi si siano rivelate errate.

Fare trading con i "gap"

I gap identificano sostanzialmente uno spazio di mancata "contrattazione", ovvero una discrepanza tra il prezzo di chiusura di una candela e il prezzo di apertura della candela successiva. Ci tengo a puntualizzare che **i gap nascono come anomalie di mercato**. Si possono creare su un qualsiasi strumento finanziario (Forex, azioni, futures ecc.) e in qualsiasi arco temporale. Tipicamente si generano in condizioni di scarsa liquidità (scambi ridotti) oppure in condizioni di eccezionale volatilità di mercato (uscita di notizie particolarmente significative).

Nel Forex i gap si formano durante il trading overnight e sono contrassegnati da grande emotività.

Il Forex, come già anticipato, ha la peculiarità rispetto agli altri mercati borsistici di operare 24 ore su 24 dal lunedì al venerdì sera. Le contrattazione si chiudono nel weekend per ripartire poi alla domenica sera. Come trader professionista posso confessarti che il momento più propizio e più interessante, in senso operativo, per la formazione dei gap è proprio la domenica sera, alla riapertura dei mercati.

Figura 2.10: EUR/USD M15

L'osservazione continua dei mercati valutari e la teoria concordano su due cose: i gap si formano su tutte le coppie valutarie tradabili e nell'85% dei casi verranno chiusi. I prezzi ritracceranno in un tempo ragionevole l'intero **range "non**

colmato".

Immagino che ora ti starai chiedendo: «Ma in quanto tempo esattamente?» La mia esperienza suggerisce che osservando un grafico intraday o giornaliero il processo di chiusura completa del gap richiederà, nella maggior parte dei casi, dalle 24 alle 48 ore.

Ti ricordo che l'analisi tecnica fornisce strumenti operativi fondati esclusivamente sulle probabilità di ripetibilità di un certo evento. Tale affermazione per puntualizzare che il gap potrebbe anche chiudersi in una o più settimane, richiudersi solo parzialmente o non richiudersi mai. Non esistono certezze assolute!

La strategia di trading che scaturisce dalla formazione di gap è molto semplice e intuitiva: **si vende su gap al rialzo,** mentre **si acquista su gap al ribasso.** Il punto di uscita a profitto coinciderà, in entrambi i casi, con il prezzo di chiusura del gap.

Per completezza espositiva esistono anche altre tre formazioni, gap meno frequenti e sui quali ti consiglio però di non operare.

Sono facili da individuare graficamente ma sono complesse da interpretare. In dettaglio, parliamo di:

- breakaway gap;
- runaway gap;
- exhaustion gap.

Un **breakaway gap** è tale se si delinea alla rottura di una formazione grafica, qualsiasi essa sia. Il gap accelera la rottura e il movimento dei prezzi nella direzione della rottura stessa.

Un **runaway gap** è tale se si delinea durante un forte movimento rialzista o ribassista dei prezzi. Questa particolare formazione accelera il movimento dei prezzi nella direzione del trend in atto.

Un **exhaustion gap** è tale se si delinea successivamente a uno o più runaway gap. È un gap di esaurimento che indica una possibile inversione del trend. Il movimento dei prezzi è talmente rapido nell'unità di tempo che induce un potenziale ritracciamento a breve.

SEGRETO n. 9: considerare solo i gap che si formano di

domenica sera alla riapertura dei mercati. Acquistare sempre sui gap al ribasso e vendere sui gap al rialzo.

RIEPILOGO DEL CAPITOLO 2:

- SEGRETO n. 5: per massimizzare i profitti si consiglia di operare sempre a favore di trend.

- SEGRETO n. 6: si acquista valuta sui livelli di supporto e si vende valuta sui livelli di resistenza.

- SEGRETO n. 7: le trendlines sono livelli di supporto/resistenza naturali.

- SEGRETO n. 8: alla rottura di un pattern è necessario attendere il ritracciamento del prezzo e acquistare solo ai primi segnali di esaurimento di tale movimento.

- SEGRETO n. 9: considerare solo i gap che si formano di domenica sera alla riapertura dei mercati. Acquistare sempre sui gap al ribasso e vendere sui gap al rialzo.

CAPITOLO 3:

Come fare trading di successo con indicatori e oscillatori

Nozioni di base

Gli **indicatori** e gli **oscillatori** nel Forex nascono come esplicita risposta degli operatori di mercato alla crescente necessità di individuare strumenti da integrare all'analisi tecnica tradizionale, strumenti specifici in grado di aumentare l'affidabilità dei segnali.

All'inizio si è parlato molto di questi indicatori e oscillatori con la convinzione comune che avrebbero incrementato sensibilmente i guadagni dei trader. La realtà, di fatto, ha smentito queste false credenze popolari, ridimensionandoli e assegnando a questi strumenti un semplice ruolo di complementarietà.

Condivido in pieno questa nuova filosofia. Io per primo utilizzo gli indicatori solo a sostegno dell'analisi grafica, salvo particolari eccezioni e non come strumenti operativi autonomi.

A questo punto ti starai domandando in che modo si esprimono questi indicatori. Ti rispondo subito! Sono rappresentazioni grafiche di formule matematiche più o meno complesse a seconda dello specifico indicatore esaminato.

Che differenza c'è tra indicatori e oscillatori? Semplice, l'oscillatore si muove all'interno di un range di valori predefinito, mentre l'indicatore non ha limiti e può assumere un qualsiasi valore. Il concetto che sta alla base è comunque lo stesso: entrambi nascono con l'obiettivo di confermare il trend in atto o di anticipare eventuali inversioni di mercato e forniscono al trader indicazioni di supporto per determinare forza e direzione dei movimenti di prezzo.

SEGRETO n. 10: indicatori e oscillatori sono strumenti tecnici complementari e non sostitutivi all'analisi tecnica.

Possiamo classificare questi strumenti in due distinte tipologie:
- lagging indicators;
- leading indicators.

I **lagging indicators**, meglio conosciuti come **indicatori**, hanno la caratteristica di confermare la tendenza in atto. Possono assumere un qualsiasi valore numerico e si utilizzano generalmente in condizioni di trend di mercato.

I **leading indicators**, meglio conosciuti come **oscillatori**, hanno invece la caratteristica di anticipare i movimenti futuri dei prezzi. Si muovono all'interno di un range predefinito di valori e si utilizzano solitamente in condizioni di mercato laterale.

Entrambi presentano pregi e difetti. Se dovessi però darti un consiglio operativo in base alla mia esperienza reale ti direi di fare più affidamento sugli oscillatori. Da un punto di vista puramente economico meglio giocare d'anticipo entrando in acquisto o vendita su un movimento appena iniziato piuttosto che inseguirlo tardivamente. Questo ti consentirà di cavalcare il movimento con un orizzonte temporale più lungo, incrementando, come naturale conseguenza, il tuo profitto.

Come contropartita gli oscillatori potrebbero dar luogo a falsi segnali fornendo errate indicazioni.

SEGRETO n. 11: utilizzare sempre gli indicatori su mercati in trend e gli oscillatori su mercati laterali.

Di indicatori e oscillatori ce ne sono veramente tanti e capita spesso che qualche trader esperto proponga il suo. Nelle prossime pagine prenderò in considerazione solo i principali, quelli che ritengo più efficaci e intuitivi.

Il mio personale consiglio è di non utilizzare mai oltre tre indicatori contemporaneamente, rischieresti di complicare eccessivamente l'analisi. Ricordati che la semplicità premia sempre!

Le medie mobili

Sono considerate uno dei principali strumenti statistici di analisi tecnica. Sono costruite, nell'accezione più classica, sommando una serie di prezzi di chiusura e dividendone il risultato per il numero di elementi costituenti. Le medie mobili sono alla base della maggior parte degli indicatori presenti oggi sul mercato. Attenzione però: questo non significa che siano sempre attendibili.

Sono strumenti operativi controversi, alcuni analisti le ritengono di imprescindibile utilità, altri le snobbano completamente confermando la loro totale inaffidabilità.

Per quello che mi riguarda, concordo con entrambe le versioni. Come comportarsi quindi? La mia esperienza di questi ultimi anni di trading reale mi ha convinto che le medie mobili siano uno strumento efficace e di semplice implementazione, ma da utilizzarsi solo come supporto all'analisi grafica. Quindi, prima osservo il movimento dei prezzi e poi verifico l'andamento delle medie mobili per cercare conferme o smentite alle mie previsioni.

Graficamente la media mobile viene rappresentata da una curva che segue il movimento dei prezzi in maniera regolare; può essere di breve (20 periodi), medio (50 periodi) o lungo termine (200 periodi). La scelta del numero di periodi avverrà in funzione dell'arco temporale di riferimento definito dal tuo stile di trading.

Vale come sempre la regola generale: maggiore è il **numero di periodi esaminati**, più affidabili saranno i segnali di trading!

Da un punto da vista operativo le medie mobili ci aiutano nella definizione delle zone di supporto e resistenza dinamiche per determinare segnali di ingresso/uscita dal mercato.

Nel caso più semplice, i segnali ottenuti dall'analisi delle medie mobili potranno dar luogo alle seguenti situazioni:

- quando i prezzi intersecano la media dal basso verso l'alto il segnale è rialzista (acquistare);
- quando i prezzi intersecano la media dall'alto verso il basso il segnale è ribassista (vendere).

Figura 3.1: EURD/USD Daily – Media mobile a 20 periodi

Le medie mobili sono comode e funzionali nelle fasi di movimento dei prezzi in trend, sono indicatori che seguono la direzionalità di mercato.

In fasi laterali sono, invece, poco significative e inefficienti.

SEGRETO n. 12: utilizzare le medie mobili come strategia di trading solo in mercati direzionali, in presenza di forti trend rialzisti o ribassisti.

Le medie mobili possono essere classificate in due tipologie:
- semplici (SMA);
- esponenziali (EMA).

Le **medie mobili semplici** sono quelle di cui abbiamo appena parlato e non necessitano di ulteriori approfondimenti.

Le **medie mobili esponenziali** vengono calcolate attribuendo maggiore importanza alle ultime quotazioni registrate, pertanto hanno la caratteristica di seguire più fedelmente la serie storica dei prezzi.

Le medie mobili esponenziali sono di fatto medie ponderate più veloci e adattive rispetto alle semplici. Sono anche più affidabili? Nel trading di breve periodo forniscono segnali di ingresso che reputo, statisticamente parlando, di maggiore attendibilità. Sono più efficaci ma non infallibili.

Per cercare di ridurre i "falsi positivi" consiglio una semplice strategia di trading (di breve termine). Consiste nel tracciare sullo stesso grafico di riferimento due medie mobili esponenziali, la prima a 21 periodi (più lenta) e la seconda a 7 periodi (più veloce).

I segnali di trading si origineranno dall'incrocio tra queste due medie mobili. In dettaglio:

- quando la media veloce incrocia verso l'alto la media lenta il segnale è di acquisto;
- quando la media mobile veloce taglia la lenta verso il basso il segnale è di vendita.

Questo sistema di facile applicazione richiede ovviamente che il segnale di ingresso sia verificato da altri indicatori. Un orientamento della media di lungo termine nella stessa direzione di quella a breve termine, costituirà già da sé un'ulteriore conferma della validità del segnale operativo.

SEGRETO n. 13: l'incrocio di due medie mobili esponenziali, fornisce una maggiore affidabilità operativa rispetto all'utilizzo della singola media mobile semplice.

Figura 3.2: EUR/USD H1

62

A identifica il punto esatto in cui la media mobile esponenziale veloce a 7 periodi taglia dal basso verso l'alto quella lenta (21 periodi) e determina un segnale operativo di acquisto confermando l'inizio di una nuova fase di mercato rialzista. Come puoi notare entrambe le medie mobili dopo l'incrocio al rialzo rimangono per tutto il tempo al di sotto dei prezzi di riferimento assicurandoci la continuazione del trend.

Figura 3.3: EUR/USD H1

B identifica il punto esatto in cui la media mobile esponenziale veloce a 7 periodi taglia dall'alto verso il basso quella lenta (21 periodi) e determina un segnale operativo di vendita confermando l'inizio di una nuova fase di mercato ribassista. Come puoi notare entrambe le medie mobili dopo l'incrocio al ribasso rimangono per tutto il tempo al di sopra dei prezzi di riferimento assicurandoci la continuazione del trend.

Quando si esce dal mercato? Utilizzando questa unica metodologia operativa l'uscita a profitto avverrà nel punto in cui le due medie mobili si incroceranno nuovamente in opposta direzione. Questo sancirà presumibilmente, salvo falsi segnali, la fine del trend in atto e l'inizio di una nuova fase di mercato. E il ciclo si ripete.

Indicatore MACD

Il **MACD** (*moving average convergence/divergence*) è un indicatore matematico di tipologia "trend follower". Ovvero nasce come supporto all'analisi grafica per "seguire" il trend e valutarne la direzionalità. Tecnicamente si compone di due linee che oscillano intorno alla linea dello zero.

La prima linea (continua) rappresenta la differenza di due medie mobili esponenziali rispettivamente a 12 e 26 giorni.

La seconda linea (tratteggiata) definita **signal line** altro non è che la media mobile esponenziale a 9 giorni della precedente.

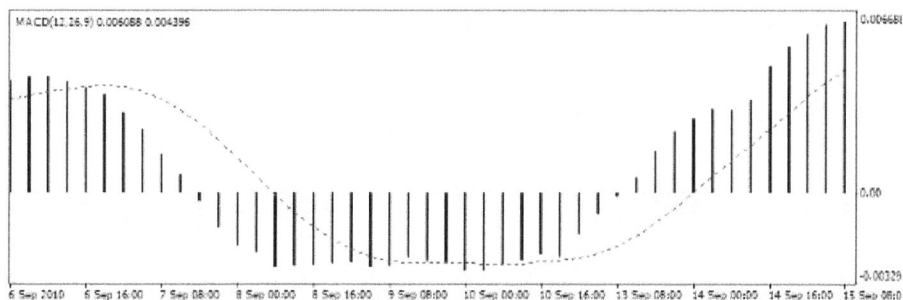

Figura 3.4: EUR/USD H4

I segnali operativi di trading si originano, come per le medie mobili, dall'incrocio di queste due linee. In particolare potremo avere le seguenti due alternative:

- quando la linea continua taglia dal basso verso l'alto la sua media mobile a 9 giorni (linea tratteggiata) il segnale è di acquisto;

- quando la linea continua taglia dall'alto verso il basso la sua media mobile a 9 giorni (linea tratteggiata) il segnale è di vendita.

La pratica quotidiana mi suggerisce di darti il seguente consiglio: utilizza l'incrocio tra le due linee solo come primo segnale di probabile inversione di tendenza. Utilizza il taglio della linea dello zero come reale conferma. Anche il MACD per sua stessa natura si presta a essere utilizzato solo in fasi di mercato caratterizzate da forti trend rialzisti o ribassisti.

Durante le fasi di mercato laterale con congestione dei prezzi, il MACD potrà fornire molti "falsi segnali": non è pertanto un generatore di segnali di acquisto/vendita ma un semplice indicatore a supporto dell'analisi grafica.

Indicatore RSI

L'**RSI** (*relative strength index*) è uno dei più popolari indicatori utilizzati dagli analisti tecnici. Rientra nella categoria degli oscillatori di "momentum". Si muove graficamente all'interno di un range compreso tra 0 e 100 punti. L'RSI fornisce indicazioni sul movimento dei prezzi e sulla volatilità di mercato.

Nella tua analisi grafica ti consiglio di utilizzare sempre l'RSI a 14 periodi. Per una maggiore efficacia operativa dovrai inserire sul grafico due soglie: 30 e 70 punti. Le zone così definite vengono comunemente indicate rispettivamente come area di **ipervenduto** e area di **ipercomprato**.

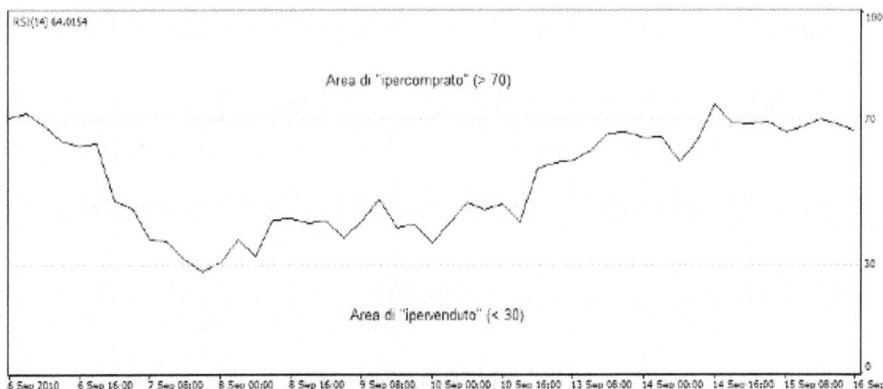

Figura 3.5: EUR/USD H4

Una soglia di ipervenduto indica che le vendite hanno prevalso abbondantemente sugli acquisti e che siamo in un'area depressa con scarsa domanda di mercato.

Una soglia di ipercomprato al contrario indica che gli acquisti hanno prevalso abbondantemente sulle vendite e che siamo in un'area di euforia con scarsa offerta di mercato.

Le due soglie così individuate ci forniscono un primo spunto operativo dando luogo a due possibili strategie:

- quando l'indicatore RSI, dopo aver raggiunto e superato al ribasso la zona di ipervenduto (minore di 30) ritraccia sopra a tale livello, scatta il segnale di acquisto;

- quando l'indicatore RSI, dopo aver raggiunto e superato al rialzo la zona di ipercomprato (maggiore di 70) ritraccia sotto a tale livello, scatta immediatamente il segnale di vendita.

L'oscillatore RSI è un pessimo strumento di analisi in mercati caratterizzati da forti trend. In questi casi il mio consiglio è di non utilizzarlo proprio.

Se proprio tu non potessi farne a meno, un piccolo trucco per ridurre i falsi segnali è quello di allargare le fasce esterne. Anziché utilizzare le soglie a 30-70 tracciale a 20-80!

L'indicatore stocastico

Rientra nella categoria degli oscillatori di "momentum" come l'RSI. L'indicatore stocastico tecnicamente confronta il prezzo di chiusura di una coppia di valute con i valori assunti dalla coppia stessa all'interno dello specifico intervallo temporale esaminato. Graficamente lo stocastico è rappresentato da due linee: K line e D line che oscillano tra 0 e 100 punti.

Possiamo evidenziare anche in questo caso due soglie di lavoro: un'area di **ipervenduto** (20 punti) e un'area di **ipercomprato** (80 punti) a cui è sottesa la stessa logica già enunciata parlando dell'RSI.

$$K\ line = 100\ x\ \frac{(Valore\ Chiusura - Valore\ minimo)}{(Valore\ Massimo - Valore\ Minimo)}$$

Valore Chiusura = prezzo di chiusura del giorno

Valore Massimo e **Valore Minimo** = prezzo massimo e prezzo minimo nell'intervallo temporale di riferimento

D line = media mobile della K line

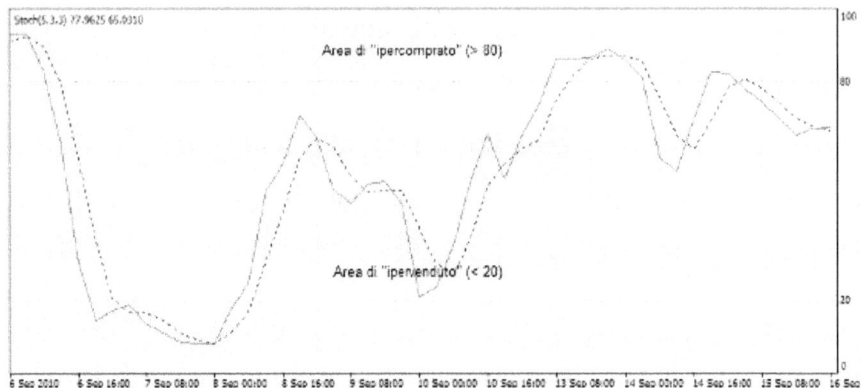

Figura 3.6: EUR/USD H4

La logica sottesa all'oscillatore stocastico è la seguente: durante i trend rialzisti il prezzo tenderà a chiudere in prossimità dei massimi di giornata; durante i trend ribassisti il prezzo tenderà a chiudere, invece, in prossimità dei minimi di giornata.

I segnali operativi di ingresso sono generati dall'incrocio tra la K line e la D line dopo essere entrambe transitate in un'area estrema di ipervenduto o di ipercomprato.

L'oscillatore stocastico ci fornisce, in dettaglio, i seguenti spunti operativi:

• quando la K line dopo essere scesa sotto i 20 punti in area di ipervenduto taglia dal basso verso l'alto la D line si genera il segnale di acquisto;

• quando la K line dopo essere salita sopra gli 80 punti in area di ipercomprato taglia dall'alto verso il basso la D line si genera il segnale di vendita.

Ti faccio notare come il solo transito in una zona estrema di ipervenduto o di ipercomprato non sia un segnale operativo. Tutte le condizioni al contorno dovranno essere contemporaneamente verificate, quindi fai molta attenzione!

Le divergenze

La **divergenza** nel Forex altro non è che una differenza tra i segnali generati sulla stessa valuta da due diversi strumenti tecnici. Nel caso specifico le divergenze su cui vorrei focalizzare la tua attenzione sono quelle che si osservano tra una *trendline* e uno specifico indicatore. La divergenza può essere sia rialzista che ribassista e con buona probabilità anticipa un'imminente inversione del trend.

Le divergenze vengono graficamente analizzate dai trader per scoprire eventuali incongruenze tra i movimenti di prezzo e i segnali forniti dall'indicatore tecnico. Nel nostro specifico caso possiamo utilizzare RSI, MACD oppure l'oscillatore stocastico, indifferentemente. Per mia esperienza è solo una questione di abitudine, la scelta dell'indicatore è discrezionale, il significato della divergenza non cambia.

Le divergenze sono un campanello d'allarme che ti informa che il trend in atto potrebbe esaurirsi molto presto. Quando, esattamente, non si sa! Posso dirti che la divergenza sarà più efficace quando si delinea nei livelli estremi di ipervenduto o di ipercomprato.

Una volta individuata una divergenza si prende posizione sul mercato se la successiva barra o candela registrerà un prezzo di chiusura nella direzione della divergenza.

SEGRETO n. 14: utilizzare le divergenze per anticipare forti inversioni di tendenza.

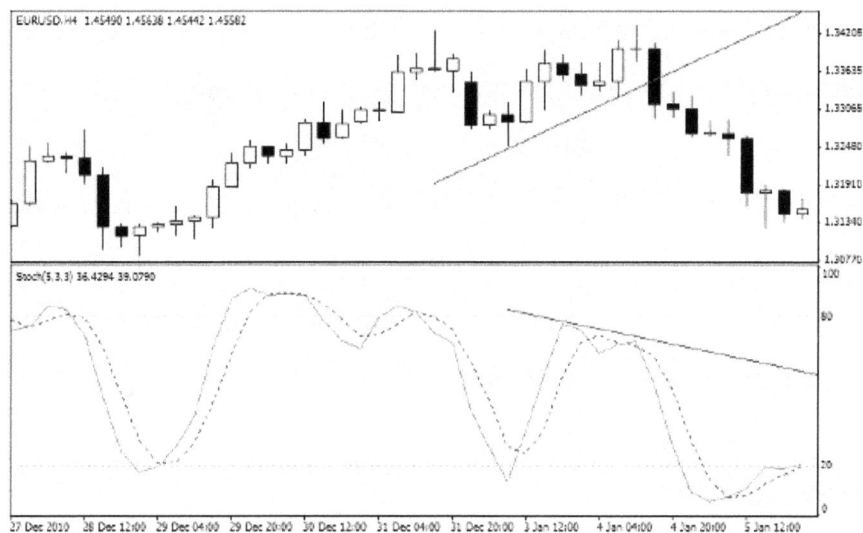

Figura 3.7: EUR/USD H4

Come vedi, nell'esempio reale sopra riportato ho tracciato due *trendlines* che evidenziano in maniera inequivocabile la presenza di una **divergenza ribassista** tra il grafico dei prezzi e l'indicatore stocastico.

Come puoi notare sulla coppia EUR/USD c'è stata quasi immediatamente un'inversione di tendenza: il trend è passato da rialzista a ribassista. In caso contrario saremmo stati, ovviamente, in presenza di una **divergenza rialzista**.

L'analisi delle divergenze è uno strumento in più che il trader conserva nella propria cassetta degli attrezzi. Come già ribadito, la divergenza è un semplice campanello d'allarme da filtrare con altri strumenti di analisi tecnica. I segnali di acquisto/vendita scatteranno però, solo in concomitanza del verificarsi di ulteriori condizioni di mercato: la presenza di una divergenza non è di per sé sufficiente, quindi attenzione!

Le bande di Bollinger

Vorrei concludere il terzo capitolo parlandoti delle **bande di Bollinger**, un indicatore tecnico che prende il nome dal suo inventore John Bollinger e che per me rappresenta uno strumento di lavoro molto efficace che fornisce spunti operativi di sicuro interesse.

Le bande di Bollinger sono graficamente rappresentate da un canale formato da tre linee (superiore, media e centrale) all'interno del quale si muovono le quotazioni delle coppie valutarie. La linea centrale altro non è che una media mobile semplice a 20 periodi. Le due linee, inferiore e superiore, sono sempre due medie mobili, ma risultanti dalla deviazione standard della media semplice a 20 periodi.

Lo so, ti starai già chiedendo: «Ma che lingua stai parlando?» Lascia che ti spieghi: il concetto di **deviazione standard** è molto più semplice di quello che immagini. È una misura dello scarto dei prezzi dalla propria media. La deviazione standard esprime la misura della volatilità di mercato, consentendo alle linee tracciate (inferiore e superiore) di seguire più fedelmente il movimento reale dei prezzi.

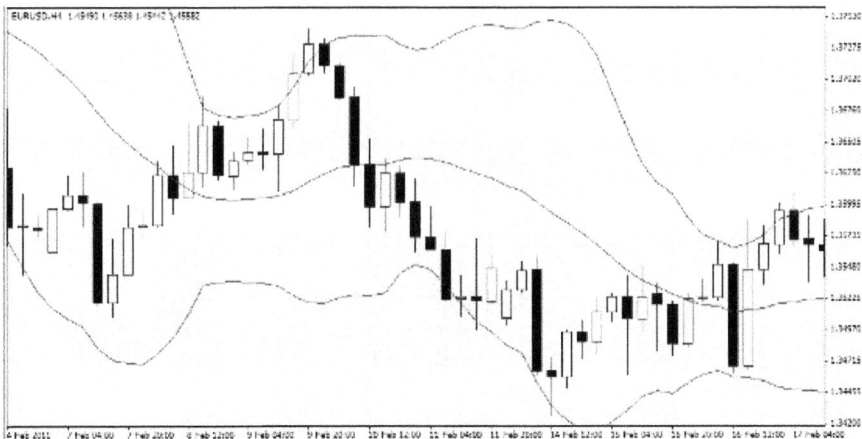

Figura 3.8: EUR/USD H4

Le bande risulteranno di maggior ampiezza durante le fasi di elevata volatilità del mercato, viceversa si avvicineranno durante le fasi di congestione dei prezzi. La "strozzatura" che verrà così a formarsi è un'ottima indicazione di un'imminente rottura del canale a cui seguirà un forte movimento direzionale.

Figura 3.9: EUR/USD Daily

La teoria sulle bande di Bollinger ci dice che il prezzo fluttuerà tendenzialmente sempre tra la banda superiore (resistenza) e la banda inferiore (supporto) tagliando nelle due direzioni la media mobile a 20 periodi (linea centrale).

Ti faccio notare che l'ampiezza della dimensione del canale è inversamente proporzionale alla forza del successivo movimento che ne scaturirà. Seguendo questo semplicistico concetto si potrebbe pensare allora di acquistare sulla banda inferiore e di vendere sulla banda superiore seguendo la regola "acquista sul supporto" e "vendi sulla resistenza".

La mia esperienza mi suggerisce che questo approccio è insufficiente a produrre risultati significativi: si incorrerà spesso in falsi segnali con perdite consistenti, soprattutto in mercati caratterizzati da forti trend. La prima regola da seguire è quella di utilizzare le bande di Bollinger solo quando il mercato è laterale con prezzi in congestione.

Ti consiglio i seguenti spunti operativi:
- quando il prezzo chiude al di sotto della banda inferiore e dopo pochi giorni (2-3) il prezzo ritraccia chiudendo all'interno del canale, si genera il segnale di acquisto;
- quando il prezzo chiude al di sopra della banda superiore e dopo pochi giorni (2-3) il prezzo ritraccia chiudendo all'interno del canale, si genera il segnale di vendita.

RIEPILOGO DEL CAPITOLO 3:

- SEGRETO n. 10: indicatori e oscillatori sono strumenti tecnici complementari e non sostitutivi all'analisi tecnica.

- SEGRETO n. 11: utilizzare sempre gli indicatori su mercati in trend e gli Oscillatori su mercati laterali.

- SEGRETO n. 12: utilizzare le medie mobili come strategia di trading solo in mercati direzionali, in presenza di forti trend rialzisti o ribassisti.

- SEGRETO n. 13: l'incrocio di due medie mobili esponenziali, fornisce una maggiore affidabilità operativa rispetto all'utilizzo della singola media mobile semplice.

- SEGRETO n. 14: utilizzare le divergenze per anticipare forti inversioni di tendenza.

CAPITOLO 4:

Come guadagnare con 5 strategie operative vincenti

Principi di base

Dedicherò quest'ultimo capitolo a mostrarti, con numerosi esempi grafici, alcune delle strategie che io stesso utilizzo, così come la maggior parte dei trader professionisti. Sono strategie semplici che non richiedono conoscenze tecniche incredibili ma che consentono di ottenere dei buoni profitti se applicate correttamente.

Ho deciso di spiegarti proprio queste 5 strategie perché ritengo che siano le più idonee al percorso formativo che abbiamo svolto insieme nei primi tre capitoli del manuale. Cercherò di seguirti passo passo in modo che tu possa tradurre la teoria appena acquisita in operatività di trading simulata, adesso e il giorno in cui deciderai di intraprendere anche tu, come me, questa entusiasmante avventura.

Non ti scoraggiare se i nomi delle strategie saranno tutti in inglese. Purtroppo questa materia ci impone di utilizzare tali definizioni in lingua originale, ma sono convinto che questo non ostacolerà la tua voglia di imparare. Giusto? A questo punto basta parole, entriamo subito nel vivo di questo quarto capitolo. Sei pronto?

Prima strategia – trendline breakout

Come già visto all'inizio del capitolo 2, le *trendlines* sono uno strumento di analisi tecnica semplice e potente allo stesso tempo.

Il mercato può muoversi solo in tre direzioni: *uptrend* (al rialzo), *downtrend* (al ribasso) e *flat* (laterale).

Possiamo tracciare queste linee sui grafici di qualsiasi coppia valutaria e per qualsiasi arco temporale, anche se va sottolineato che la *trendline* sarà tanto più affidabile quanto più ampio sarà il *timeframe* di riferimento.

L'andamento dei prezzi ci consentirà spesso di tracciare due linee parallele identificando così un canale dalla cui analisi potranno scaturire interessanti strategie di ingresso a mercato.

Proprio su questo principio base si fonda la strategia di **trendline breakout**.

Ti propongo ora alcuni esempi grafici per esemplificare i concetti appena esposti.

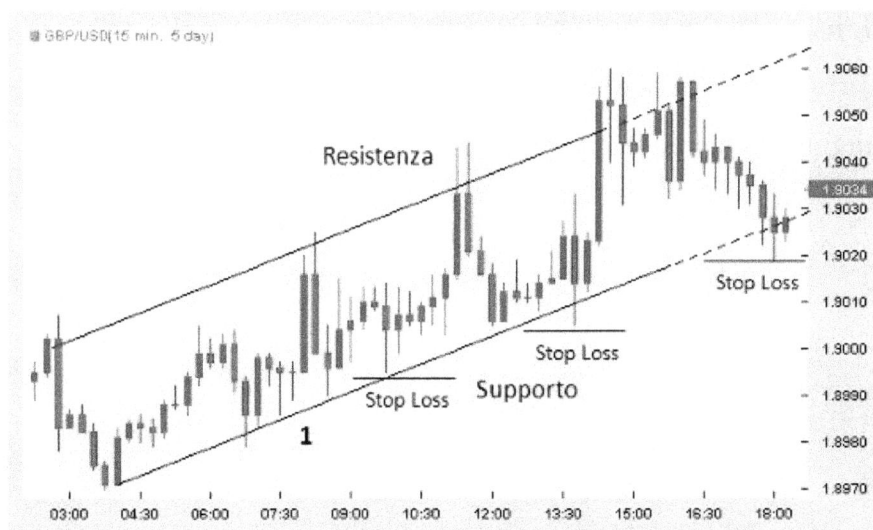

Figura 4.1: Esempio #1

Come puoi vedere in questo primo esempio siamo in presenza di un evidente trend al rialzo. Ho tracciato due *trendlines* che formano un canale all'interno del quale oscillano i prezzi. Prima considerazione: queste due linee fungono da supporto e da resistenza.

Il punto 1 è nello specifico un punto ideale di ingresso. Perché? La risposta risiede nella forza del supporto. Il prezzo, come puoi notare, tocca più volte la *trendline* inferiore senza romperla e violarla. Una volta entrato a mercato sposterai poi lo *stop loss* progressivamente.

L'uscita dal mercato avverrà al raggiungimento dello *stop loss*, ovvero alla rottura della *trendline* inferiore che sancirà ragionevolmente la fine del trend al rialzo.

Figura 4.2: Esempio #2

Questo secondo grafico evidenzia un trend al ribasso con massimi e minimi decrescenti. I prezzi si muovono all'interno del canale individuato oscillando tra il supporto e la resistenza.

Il punto 1 ci fornisce la prima opportunità di trading, un evidente segnale di vendita. Uscirai dal trade al punto 4, al raggiungimento del supporto.

I punti 2 e 3 rappresentano altre due opportunità di entrare a mercato, vendendo sempre GBP/USD (valuta utilizzata in questi esempi).

In questo caso uscirai al punto 5, se usi uno stile di trading prudenziale, oppure potrai fissare uno *stop loss* più aggressivo, come evidenziato dal grafico, scommettendo sulla direzionalità del trend.

In caso di previsione sbagliata uscirai dal mercato alla rottura della *trendline* superiore, ovvero al raggiungimento dello *stop loss* definito. L'inizio del nuovo trend ti darà poi l'opportunità di rientrare a mercato, nella direzione opposta, in acquisto.

Come tutte le strategie, il *breakout* non fornisce certezze assolute: potrai riscontrare falsi segnali che ti porteranno a chiudere il trade anche in perdita. Purtroppo fa parte del gioco!

SEGRETO n. 15: l'efficacia della strategia di trendline breakout è direttamente proporzionale all'ampiezza del timeframe osservato.

Seconda strategia – awesome indicator

Questo indicatore non è molto pubblicizzato dai professionisti del settore, ma a mio modesto parere è invece un ottimo strumento di trading sul quale costruire strategie profittevoli. È anche molto semplice e intuitivo sia nella comprensione della logica sottostante che nell'utilizzo. Misura tecnicamente il "momentum" del mercato.

Questo indicatore è disponibile gratuitamente nelle principali piattaforme di trading, tra cui spicca il software Metatrader della società Metaquotes che, a mio avviso, è lo strumento più completo e utilizzato che esista oggi nel mercato Forex. È talmente popolare da essere diventata ufficialmente la piattaforma di trading di riferimento per tutti i broker a livello mondiale.

L'**awesome indicator** si presenta graficamente sotto forma di istogramma con barre bicolore (verde e rosso), come mostrato nella figura sotto riportata.

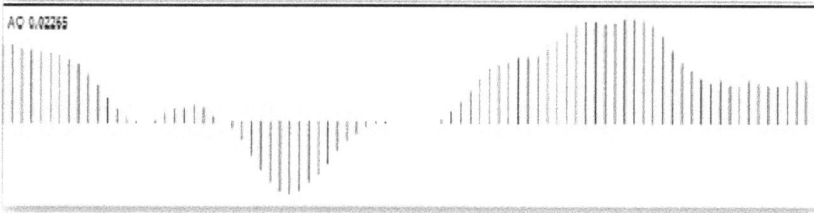

Figura 4.3

A una prima lettura l'indicatore ci suggerisce le seguenti considerazioni:

- quando l'awesome indicator si trova al di sotto della linea centrale e l'istogramma cambia di colore passando dal rosso al verde allora significa che il prezzo è prossimo a un rialzo;
- quando l'awesome indicator si trova, invece, al di sopra della linea centrale e l'istogramma cambia di colore passando dal verde al rosso allora significa significa che il prezzo è prossimo a un ribasso.

Ti propongo subito qualche esempio pratico per mostrarti come leggere i grafici e utilizzare questo indicatore per generare segnali operativi profittevoli.

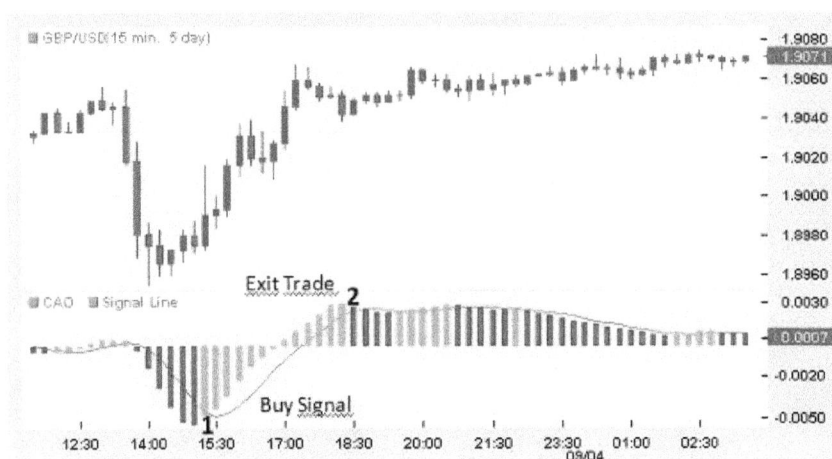

Figura 4.4: Esempio #1

In questo primo esempio GBP/USD M15 puoi notare che quando le candele formano il primo trend decrescente anche l'awesome indicator segue la stessa direzione con barre di colore rosso situate al di sotto della linea centrale. Non appena l'indicatore diventa verde significa che probabilmente si è raggiunto il minimo relativo e che saremo prossimi a un'inversione di tendenza che di fatto, come puoi vedere, avviene realmente (i prezzi riprendono a salire).

Il punto 1 indicato sul grafico evidenzia un'ottima opportunità di ingresso in acquisto (*buy*). Il trend prosegue al rialzo con barre di colore verde che si susseguono una dopo l'altra e che tagliano, dal basso verso l'alto, la linea centrale confermandoci la bontà del segnale operativo. Il punto 2 indica il momento ideale di uscita (al formarsi della prima barra di colore rosso) che ci comunica il probabile esaurimento del trend al rialzo.

Vediamo un secondo esempio:

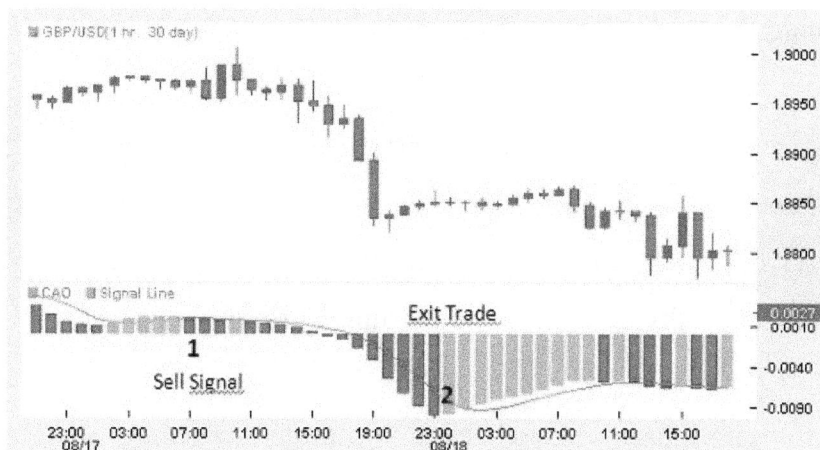

Figura 4.5: Esempio #2

In questo secondo esempio GBP/USD H1, nella prima parte del grafico, le barre si trovano sopra la linea centrale. Questo significa che prima o poi potremo aspettarci una buona opportunità di vendita. Questo accade esattamente nel punto 1 quando la barra passa da verde a rossa, ma sempre al di sopra della linea centrale.

Come puoi notare, successivamente al segnale di ingresso si susseguono una serie di barre rosse di sempre maggior ampiezza che tagliano la linea centrale dall'alto verso il basso confermando il *downtrend*.

Il punto 2, concomitante al cambio di colore dell'indicatore da rosso a verde, ci suggerisce che abbiamo, probabilmente, toccato il prezzo relativo minimo e che il trend sarà prossimo a una nuova inversione o a un periodo di congestione. Quindi, il mio consiglio è: esci dal trade, incassa il guadagno e continua l'analisi del mercato per individuare nuove opportunità profittevoli di trading.

L'awesome indicator può essere utilizzato sia come trading system autonomo che come semplice indicatore per confermare la bontà dei segnali di ingresso e uscita dal mercato.

Nelle prossime strategie ti darò proprio una dimostrazione pratica di come sfruttare tale indicatore in maniera complementare.

SEGRETO n. 16: l'awesome indicator, determinando i punti di probabile inversione del mercato, è un ottimo strumento di analisi tecnica per generare validi segnali di ingresso nel mercato Forex.

Terza strategia – channel breakout

Il concetto di "canale" trae origine da una particolare configurazione di prezzi durante un movimento laterale di mercato. L'oscillazione è racchiusa in un range di prezzi ben definito. Sono sufficienti cinque o sei candele con prezzi massimi e minimi molto simili tra loro per definire un canale. Questa conformazione può essere osservata in qualsiasi arco temporale.

Non sappiamo per quanto tempo il mercato rimarrà in questa fase di congestione, ma siamo sicuri di una cosa: prima o poi ci sarà una rottura del supporto o della resistenza con un aumento dei volumi e una brusca accelerazione dei prezzi. Ti chiederai: «Ma in quale direzione?»

Per scoprirlo utilizzeremo come strumento complementare proprio l'awesome indicator spiegato con accuratezza nella precedente strategia.

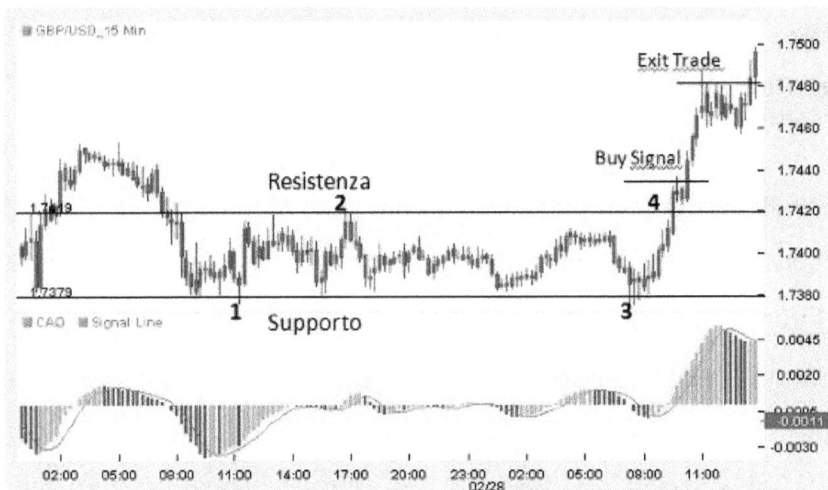

Figura 4.6: Esempio #1

In questo primo esempio GBP/USD M15, come puoi facilmente notare, i prezzi hanno formato un canale ben definito. Ci sono alcune false rotture (punti 1, 2 e 3), dove le ombre delle candele tentano più volte, a orari diversi, di rompere il supporto senza successo. Sono false per due principali motivazioni:

1. non vengono mai confermate dall'awesome indicator;

2. i prezzi di chiusura delle candele che rompono il supporto o la resistenza, sono sempre interni al canale.

La prima rottura significativa avviene sulla resistenza al punto 4. Il segnale di ingresso ottimale è sulla seconda candela alla rottura del prezzo massimo della candela di *breakout*. È un segnale di acquisto (*buy*) confermato dall'awesome indicator (sopra la linea centrale e con barre verdi in aumento).

Posizioneremo lo *stop loss* cautelativo sotto il minimo della candela di *breakout*. Lasceremo correre il profitto fino a che l'awesome indicator non ci comunicherà graficamente che il trend al rialzo è in esaurimento.

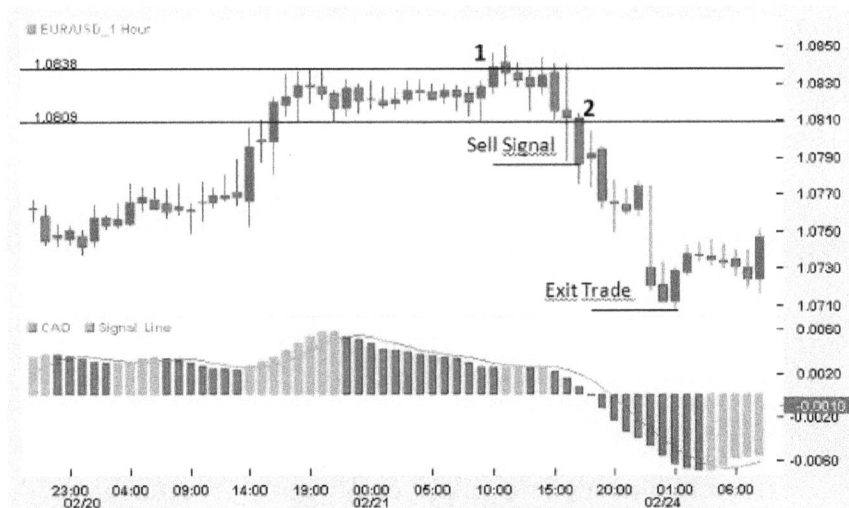

Figura 4.7: Esempio #2

Anche in questo secondo esempio EUR/USD H1 siamo in presenza di un canale ben definito. I prezzi oscillano tra il supporto e la resistenza; monitoriamo il mercato in attesa di trovare un valido segnale di ingresso.

Il primo tentativo individuato dal punto 1 è di dubbia interpretazione perché come puoi notare la candela blu rompe il canale con il suo prezzo massimo, ma ritraccia chiudendo esattamente sulla resistenza. Per il mio tipo di operatività è un chiaro falso positivo, e ti sconsiglio vivamente di prendere casi come questo in considerazione. Come puoi facilmente osservare il prezzo ha successivamente ritracciato generando una potenziale perdita se tu fossi entrato a mercato.

Il punto 2 è invece un ottimo segnale di ingresso in vendita (*sell*). Il prezzo rompe il supporto e la candela chiude al di fuori del canale. Noterai che l'awesome indicator ci conferma che è iniziata una fase di mercato ribassista. Le barre di colore rosso tagliano dall'alto verso il basso la linea centrale. Il punto di uscita migliore coinciderà con il cambio di colore delle barre dell'indicatore (da rosso a verde) che ci indica il probabile esaurimento del *downtrend*.

SEGRETO n. 17: per ottenere la massima efficacia operativa i segnali di ingresso generati dalla strategia di channel breakout dovranno essere sempre convalidati dall'awesome indicator.

Quarta strategia – 2 days breakout
Questa strategia si basa sulla rottura del prezzo massimo o del prezzo minimo raggiunto nella giornata di contrattazione

precedente. È un sistema che io personalmente ho utilizzato molte volte e devo dire che funziona bene soprattutto se abbinato all'awesome indicator.

Questa strategia ha un ottimo rapporto rischio/rendimento. La mia esperienza mi ha dimostrato che puoi utilizzarla su qualsiasi coppia valutaria, ma non su qualsiasi arco temporale. I *timeframe* che garantiscono i migliori risultati sono: M15, M30 e H1.

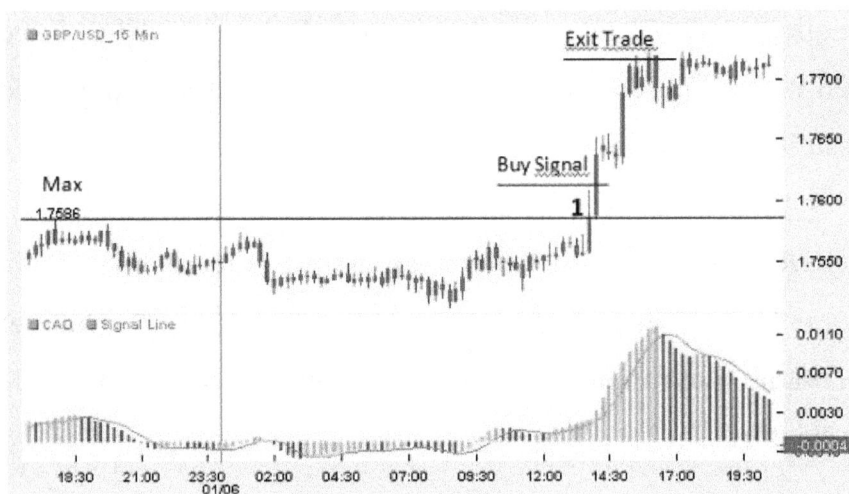

Figura 4.8: Esempio #1

In questo primo esempio GBP/USD M15 ho indicato il massimo

della giornata precedente tracciando una linea in corrispondenza di tale prezzo.

Il punto 1 rappresenta la prima rottura significativa del massimo e teoricamente un'opportunità di acquisto (*buy*). Perché "teoricamente"? Semplice: volendo evitare falsi segnali meglio aspettare la candela successiva ed entrare al superamento di quel massimo. L'awesome indicator mi conferma la bontà del segnale d'ingresso e quindi procedo istantaneamente inserendo l'ordine a mercato.

Tengo monitorato il trade nella sua evoluzione temporale, rimanendo a mercato fino a che le barre dell'indicatore non cambieranno di colore (da verde a rosso). Dopodiché, al verificarsi di tale condizione, uscirò dal trade incassando, nel caso specifico, un ottimo profitto.

Ti mostrerò adesso un secondo esempio: una rottura del minimo del giorno precedente. Vedrai così che le regole applicative sono le stesse e che l'operatività non cambia.

Figura 4.9: Esempio #2

In questo secondo esempio ho considerato la coppia EUR/USD M30. Sul grafico ho tracciato il minimo del giorno precedente. Il punto 1 rappresenta la prima rottura significativa del minimo del giorno precedente ed è una buona opportunità di trading in vendita (*sell*). La candela rossa che ne consegue è molto lunga e senza ombre, indicando una forte e decisa pressione di vendita.

L'awesome indicator ci conferma l'efficacia del segnale d'ingresso: come avrai già notato le barre si trasformano da verdi a rosse tagliando la linea centrale dall'alto verso il basso.

L'uscita dal trade avverrà non appena l'awesome indicator cambierà nuovamente di colore allertandoci sulla fine imminente del *downtrend*. Anche in questo secondo caso, l'operazione si sarebbe conclusa con un ottimo profitto.

SEGRETO n. 18: massimi e minimi sono prezzi dinamici. È necessario modificarli, sistematicamente, giorno per giorno.

Quinta strategia – double Doji breakout

Quest'ultima strategia, di cui ti voglio parlare, non utilizza indicatori particolari, sfrutta invece la conformazione grafica delle candele giapponesi. Può essere applicata su qualsiasi coppia valutaria e in qualsiasi *timeframe*. Queste due caratteristiche la rendono molto efficace e di facile applicazione.

Prima di esaminare in dettaglio la strategia è necessario che ti spieghi esattamente cos'è una candela Doji e come individuarla con certezza osservando i grafici.

Di seguito le 4 tipologie di candele Doji.

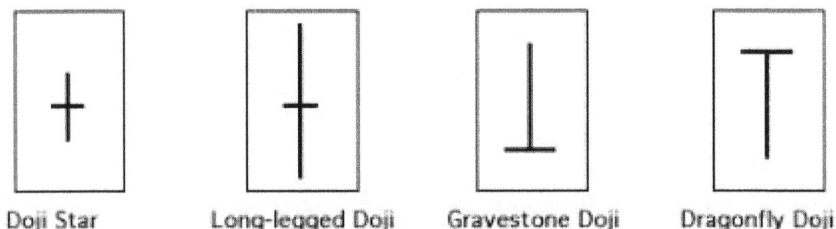

Figura 4.10

La particolarità di questa formazione è che il corpo della candela è praticamente inesistente, ovvero il prezzo di apertura coincide con il prezzo di chiusura. Una candela Doji indica che il mercato si trova in una fase di forte indecisione.

Ti faccio notare che una candela Doji all'interno di un grafico Forex, ha una **forte capacità predittiva**. Quando una candela Doji, nel caso specifico, si forma subito dopo una candela con un grande corpo centrale, allora è un chiaro segnale, per noi trader, che il trend in atto ha perso tutta la sua spinta. Ci aspetteremo quindi, a breve, un'inversione di tendenza.

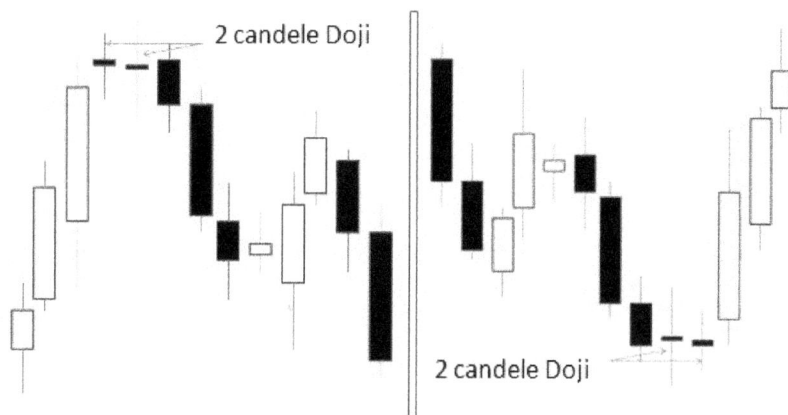

Figura 4.11

Nei grafici sopra riportati ti ho mostrato proprio due esempi di formazioni Doji. In entrambi i casi puoi facilmente notare come il movimento successivo che ne scaturisce è una chiara inversione di tendenza.

Attenzione: non sarà sempre e per forza così! Il cambio di direzione non è scontato, diciamo che è probabile. L'unica cosa di cui sono invece sicuro è che questa incertezza tra domanda e offerta non potrà perdurare a lungo nel tempo. Ne conseguirà, quasi certamente e nel brevissimo termine un forte movimento direzionale.

Ed è proprio questo il principio su cui si fonda la strategia di **double Doji breakout**.

Durante la tua osservazione dei grafici la prima cosa da fare sarà quella di individuare la formazione di due candele Doji. Per rendere la strategia più efficace considera solo quei casi in cui le due Doji si formano a seguito di un movimento direzionale definito (*uptrend* o *downtrend*). Al completamento della seconda candela Doji definisci il prezzo massimo e minimo ed entra solo alla rottura di uno di questi due prezzi.

La rottura del massimo genererà un segnale di acquisto (*buy*), mentre la rottura del minimo genererà un segnale di vendita (*sell*). Le mie statistiche mi dicono che questa mossa risulta vincente nel 70% dei casi. In questa specifica strategia ti consiglio di tenere un rapporto rischio/rendimento pari almeno a 1:1.

Considerando identico il rapporto in valore tra guadagno e perdite e avendo le probabilità di vincita a tuo indiscusso favore (70%), sei matematicamente certo di ottenere ottimi profitti nel medio/lungo periodo. Ovviamente sempre che l'applicazione della strategia sia precisa e rigorosa.

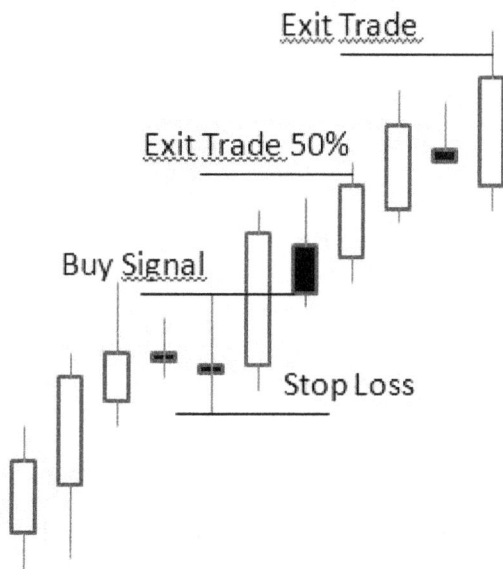

Figura 4.12

Il grafico sopra riportato evidenzia un *uptrend* seguito da due candele Doji. Tracciamo subito due linee in corrispondenza del prezzo massimo e minimo della seconda candela e prepariamoci a entrare alla rottura di uno di questi due prezzi. In questo specifico caso non assistiamo ad alcuna inversione, anzi il *breakout* avviene proprio al rialzo.

Per noi non fa differenza, entriamo in acquisto (*buy*) e

posizioniamo immediatamente lo *stop loss* in corrispondenza del prezzo minimo.

Calcoliamo il numero di *pips* tra l'entrata e lo *stop loss* e aggiungiamo tale valore al prezzo di ingresso. Questo sarà per noi il nostro primo livello di profitto (rapporto rischio/rendimento 1:1). Al raggiungimento del primo obiettivo liquideremo il 50% della posizione aperta, sposteremo lo *stop loss* al prezzo di entrata e cercheremo di guadagnare altro profitto inseguendo il trend.

In caso positivo sarà un ottimo risultato per le nostre tasche! In caso negativo, invece, il 50% della posizione ancora a mercato sarà chiuso a pareggio e noi avremo comunque ottenuto un buon profitto con un rischio finanziariamente accettabile. Se la rottura fosse stata sul prezzo minimo avremo semplicemente assistito a un'inversione di tendenza, ma non sarebbe cambiato nulla nella gestione operativa del trade.

SEGRETO n. 19: si sconsiglia l'applicazione della strategia double Doji breakout in mercati laterali con prezzi congestionati.

RIEPILOGO DEL CAPITOLO 4:

- SEGRETO n. 15: l'efficacia della strategia di trendline breakout è direttamente proporzionale all'ampiezza del timeframe osservato.

- SEGRETO n. 16: l'awesome indicator, determinando i punti di probabile inversione del mercato, è un ottimo strumento di analisi tecnica per generare validi segnali di ingresso nel mercato Forex.

- SEGRETO n. 17: per ottenere la massima efficacia operativa i segnali di ingresso generati dalla strategia di channel breakout dovranno essere sempre convalidati dall'awesome indicator.

- SEGRETO n. 18: massimi e minimi sono prezzi dinamici. È necessario modificarli, sistematicamente, giorno per giorno.

- SEGRETO n. 19: Non applicare mai la strategia double Doji breakout in mercati laterali con prezzi congestionati.

Conclusione

Siamo arrivati alla fine! Consentimi di farti i miei più sinceri complimenti per avermi seguito fino alla fine in questo articolato percorso formativo. Mi rendo conto che i concetti spiegati non sono di immediata comprensione, ma non preoccuparti! Se sei all'inizio è normale avere questa percezione. Tanti anni fa mi trovavo io al tuo posto e credimi, non è stato facile neanche per me.

Ma ti prometto che se applicherai con disciplina queste strategie sfruttando tutti gli strumenti di analisi tecnica che ti ho insegnato, i risultati non tarderanno ad arrivare. E chissà che una semplice passione non si trasformi successivamente in una fantastica opportunità di guadagno.

Il mio consiglio è quello di iniziare subito a fare pratica, osservando i grafici e utilizzando le piattaforme di trading con soldi virtuali. Applicati con passione, determinazione e con il giusto approccio psicologico. Se saprai gestire correttamente le tue emozioni avrai già fatto il 70% del lavoro con ottime probabilità di diventare un Forex trader di successo.

Ora tocca a te… azione!

Buon trading, caro collega!

Marco Puzzarini

www.ingramcontent.com/pod-product-compliance
Lightning Source LLC
Chambersburg PA
CBHW071607200326
41519CB00021BB/6899